Um curso
de meditação

Um curso de meditação

OSHO

21 dias para desenvolver sua consciência

Título original: *A Course in Meditation*

Copyright © 2019 por Osho International Foundation, www.osho.com/copyrights
Copyright da tradução © 2020 por GMT Editores Ltda.

Esta edição foi publicada mediante acordo com Harmony Books, selo da
Penguin Publishing Group, uma divisão da Penguin Random House, LLC.

O material deste livro foi selecionado a partir de palestras do autor.
Todas as conversas de Osho foram publicadas em livros e também estão
disponíveis em áudio. Visite a biblioteca do autor: www.osho.com

OSHO® é uma marca registrada da Osho International Foundation,
www.osho.com/trademarks.

Todos os direitos reservados. Nenhuma parte deste livro pode
ser utilizada ou reproduzida sob quaisquer meios existentes
sem autorização por escrito dos editores.

tradução: Beatriz Medina

preparo de originais: BR75 | Silvia Rebello

revisão: Flávia Midori e Hermínia Totti

diagramação: Valéria Teixeira

adaptação de capa: Miriam Lerner | Equatorium Design

impressão e acabamento: Associação Religiosa Imprensa da Fé

CIP-BRASIL. CATALOGAÇÃO NA PUBLICAÇÃO
SINDICATO NACIONAL DOS EDITORES DE LIVROS, RJ

O91c   Osho, 1931-1990

        Um curso de meditação/ Osho; tradução de Beatriz
Medina. Rio de Janeiro: Sextante, 2020.
        208 p.; 14 x 21 cm.

        Tradução de: A course in meditation
        ISBN 978-65-5564-072-4

        1. Meditação. 2. Vida espiritual. I. Medina, Beatriz.
II. Título.

	CDD: 299.93
20-65786	CDU: 299.93

Todos os direitos reservados, no Brasil, por
GMT Editores Ltda.
Rua Voluntários da Pátria, 45 – Gr. 1.404 – Botafogo
22270-000 – Rio de Janeiro – RJ
Tel.: (21) 2538-4100 – Fax: (21) 2286-9244
E-mail: atendimento@sextante.com.br
www.sextante.com.br

SUMÁRIO

Introdução 7

DIA 1: O que é meditação? 11
A MEDITAÇÃO: Consciência cotidiana 16

DIA 2: Meditações sobre amor e relacionamento 21
AS MEDITAÇÕES: Amar-se, meditação de unicidade
para parceiros 25

DIA 3: Meditações sobre a raiva 29
A MEDITAÇÃO: Mudar o padrão da raiva 33

DIA 4: Viver em equilíbrio 39
A MEDITAÇÃO: Aceitar o negativo e o positivo 43

DIA 5: Amor e meditação de mãos dadas 47
A MEDITAÇÃO: Permitir que o coração se abra como uma flor 51

DIA 6: Viver perigosamente 57
A MEDITAÇÃO: Dissolver a armadura 62

DIA 7: Observar a mente 67
AS MEDITAÇÕES: Desfrute da mente e... pare! 71

DIA 8: É preciso inteligência para ser feliz 77
A MEDITAÇÃO: Sorriso interno 81

DIA 9: Integração de corpo, mente e alma 87
A MEDITAÇÃO: Imagine a corrida 91

DIA 10: Desacelerar 95
A MEDITAÇÃO: Cerque-se de um clima de alegria 99

DIA 11: Todo mundo é criativo 105
A MEDITAÇÃO: Do palavrório ao silêncio 109

DIA 12: Intuição: instrução vinda de dentro 113
A MEDITAÇÃO: Encontrar a testemunha 117

DIA 13: Meditação e condicionamento 123
A MEDITAÇÃO: Jogar coisas fora 127

DIA 14: Como parar de julgar os outros 131
A MEDITAÇÃO: Transformar julgamentos 135

DIA 15: A arte de escutar 139
A MEDITAÇÃO: Encontre seu centro no meio do som 142

DIA 16: Relaxamento pela consciência 147
A MEDITAÇÃO: Aprender a arte de se desprender 151

DIA 17: Aceitar cada parte minha 155
A MEDITAÇÃO: Olhar o objeto como um todo 159

DIA 18: Sexo, amor e meditação 165
A MEDITAÇÃO: Transformar a energia sexual 171

DIA 19: Viver na alegria 175
A MEDITAÇÃO: Abra espaço para a alegria 178

DIA 20: A maturidade e a responsabilidade de
ser quem somos 183
A MEDITAÇÃO: Completar o dia 187

DIA 21: Zorba, o Buda 191
A MEDITAÇÃO: Tornar-se o gosto da comida ou da bebida 196

Sugestões de leitura 201

Osho International Meditation Resort 203

Sobre Osho 206

INTRODUÇÃO

Se quiser ter uma vida mais plena, é bom, antes, conhecer seu potencial, saber quem você realmente é. A meditação é o caminho para esse conhecimento. É a metodologia da ciência da consciência. A beleza dessa ciência interna é que ela capacita quem quiser explorar e experimentar seu interior a fazer isso sozinho. Assim, são eliminadas a dependência a uma autoridade externa, a necessidade de se filiar a alguma organização e a obrigação de aceitar uma determinada ideologia. Depois de entender os passos básicos, você percorre o caminho do seu próprio jeito.

Muitas técnicas meditativas exigem sentar-se imóvel e ficar calado – o que, para a maioria de nós, com estresse acumulado no corpo e na mente, pode ser difícil.

Mas o que exatamente é a meditação? E como começar a praticá-la?

Este curso experiencial foi pensado para lhe dar as bases da meditação ensinada por Osho. Talvez você já o conheça por seus livros, traduzidos e publicados em mais de 60 idiomas. Místico e cientista, Osho era um espírito rebelde cuja inigualável contribuição à compreensão de quem somos desafiava classificações. Seu único interesse era alertar a humanidade para a necessidade urgente de descobrir um novo modo de viver. Segundo seu entendimento, apenas se cada um de nós mudar, o resultado de todos os nossos "eus" – as sociedades, as culturas, as crenças, o mundo – também mudará. O portal para essa mudança é a meditação.

Para os meditadores iniciantes, este é um guia para aprender a meditar e ficar atento e imóvel. Para os meditadores experientes, é o segredo para elevar a prática a um novo nível. Neste programa de 21 dias, em cada capítulo você será apresentado a um aspecto diferente da vida meditativa, com a leitura de trechos dos discursos de Osho como experiência de meditação. Em seguida, aprenderá exercícios simples e práticos de meditação e consciência ligados ao tema do dia como ferramentas para fazer experiências.

Na seção de leituras sugeridas no fim do livro, para cada dia/tópico indicamos um livro de Osho que se aprofunda no tema abordado no programa.

Assim como a ciência investiga o mundo externo, Osho usava uma abordagem científica para a investigação do mundo interno da meditação e da autodescoberta. Ele experimentou todas as técnicas meditativas desenvolvidas no passado e examinou seus efeitos sobre o ser humano moderno. Viu como seria difícil para a mente hiperativa da nossa época simplesmente se sentar em silêncio e observar a respiração. Também constatou como é fácil usar um antigo mantra sagrado como substituto de uma pílula para dormir. Com essa compreensão, ele criou novas meditações para as pessoas de hoje, sugerindo começar com o corpo e tomar consciência do que podemos observar nos pensamentos e nas sensações do complexo corpo--mente. Muitas de suas meditações começam com atividade física para liberar primeiro as tensões e o estresse do corpo e da mente. Assim, fica mais fácil relaxar em uma experiência de observação e consciência imóvel e silenciosa.

Osho também transformou a "arte de escutar" em um portal da meditação. Ao falar todos os dias com as pessoas reunidas à sua volta – pessoas de todas as idades, nacionalidades e bagagens culturais –, seus discursos respondem às preocupações e às perguntas feitas e explicam sua proposta de um modo de vida mais são e voltado para o interior. Esses discursos foram publicados nos diversos livros de Osho disponíveis no mercado. Ele enfatizou várias vezes que seus discursos não são uma "preleção" para transmitir informações, e explicou: "Meu falar não é oratório; não é uma doutrina que estou pregando. É simplesmente um dispositivo arbitrário para lhes dar uma ideia do que é o silêncio."

Em outras palavras, os discursos de Osho são, em si, uma meditação. Neles, as palavras se tornam música, o ouvinte descobre quem está escutando e a consciência se desloca do que está sendo ouvido para o indivíduo que ouve.

DIA 1

O que é meditação?

Hoje começamos com uma pergunta básica: *o que é meditação?*

A resposta de Osho indica que a meditação é uma qualidade com a qual nascemos e que nossa tarefa é simplesmente recordar e nos reconectar com essa qualidade que tínhamos quando crianças.

Depois de cada seção "Ideias de Osho", haverá uma meditação e um exercício de consciência.

Você pode experimentá-los em seu próprio tempo, talvez à noite, antes de dormir.

IDEIAS DE OSHO

A meditação é um estado de não mente, um estado de pura consciência sem conteúdo. Em geral, a consciência fica cheia de lixo, como um espelho coberto de pó. A mente é um tráfego constante: os pensamentos se movem, os desejos se movem, as lembranças se movem, as ambições se movem... É um tráfego incessante, entra dia, sai dia. Mesmo quando você dorme, a mente funciona: é o sonho. Ela ainda pensa; ainda está ligada em preocupações e ansiedades. Está se preparando para o dia seguinte; há uma preparação subconsciente.

Esse é o estado de não meditação; o oposto exato é a meditação. Quando não há tráfego e o pensamento cessou – nenhum pensamento se move, nenhum desejo se remexe, você está absolutamente calado –, esse silêncio é a meditação. Nesse silêncio, a verdade é conhecida. A meditação é um estado de não mente. E não se pode encontrar a meditação por meio da mente, porque a mente se perpetuará. Só se pode encontrar a meditação deixando a mente de lado, sendo frio, indiferente, não se identificando com a mente; vendo a mente passar, mas não se identificando com ela, não pensando "eu sou isso".

A meditação é a consciência de que "não sou minha mente".

Quando a consciência se aprofunda em você cada vez mais, aos poucos alguns momentos de silêncio, de espaço puro, chegam. Momentos de transparência, momentos em que nada se mexe em você e tudo está parado. Nesses momentos imóveis, você saberá quem é e saberá o que é o mistério da existência.

E, depois de provar essas poucas gotas de néctar, surgirá um grande desejo de ir cada vez mais fundo nelas. Um desejo irresistível surgirá, uma grande sede. Você ficará em chamas!

Quando tiver provado alguns instantes de silêncio, alegria, meditatividade, você irá desejar que esse estado se torne seu estado constante, um estado contínuo. E, se alguns instantes são possíveis, então não há problema. Aos poucos, mais e mais momentos virão. Conforme se torna hábil, conforme aprende o segredo de não se envolver na mente, conforme aprende a arte de permanecer isolado, longe da mente, conforme aprende a ciência de criar uma distância entre você e seus pensamentos, mais e mais meditação se derramará sobre você. E quanto mais se derramar, mais ela o transformará. Chegará o dia, um dia de grandes bênçãos, em que a meditação se tornará seu estado natural.

A mente é algo não natural; ela nunca se torna seu estado natural. Mas a meditação é um estado natural... que perdemos. É um paraíso perdido, mas o paraíso pode ser recuperado. Olhe os olhos de um menino; olhe e verá um tremendo silêncio, inocência. Cada menino vem com um estado meditativo, mas ele deve ser iniciado nos hábitos da sociedade. Ele tem que aprender a pensar, a calcular, a raciocinar, a argumentar; tem que aprender palavras, linguagem, conceitos. E aos poucos ele perde o contato com a própria inocência, fica contaminado, poluído pela sociedade. Torna-se um mecanismo eficiente; não é mais um homem.

Só é preciso recuperar esse espaço novamente. Você já o conheceu e, quando conhecer pela primeira vez a meditação, ficará surpreso, porque surgirá em você um grande sentimento de que já a conhece. E esse sentimento é verdadeiro; você *já* a conhece. Você se esqueceu. O diamante está perdido em meio ao lixo. Mas, se puder torná-lo visível, você reencontrará o diamante; ele é seu.

Na verdade, ele não pode ser perdido, e sim esquecido.

Nascemos meditadores e depois aprendemos os modos da mente. Mas nossa natureza real continua escondida em algum lugar profundo, como uma corrente subterrânea. Cave um pouco e descobrirá que a fonte de água fresca ainda corre. E a maior alegria da vida é encontrá-la.

Uma criança nasce; a criança vem pronta, com grande energia. A criança não passa de energia pura personificada. E a primeira coisa que a criança tem que buscar e procurar é o seio da mãe. A criança está com fome. Durante os nove meses no útero, a criança foi alimentada automaticamente; viveu como parte da mãe. Agora está isolada da mãe; tornou-se uma entidade separada em si – e a primeira coisa, a primeira necessidade, é procurar comida. É assim que começa a jornada para fora.

A entrada no mundo é pelo seio. E o seio fez duas coisas: nutriu a criança, possibilitou sua sobrevivência. O seio era a comida, o seio era a vida. E a segunda coisa: o seio deu calor, abrigo e amor à criança. É por isso que comida e amor se tornaram tão associados.

E é por isso que, sempre que não se sente amado, você começa a comer demais. As pessoas que se viciam em comida são as que sentem falta de amor. Começam a substituir amor por comida. Se você se sentir realmente amado, não consegue comer demais.

A meditação significa tomar consciência de que a fonte da vida é interna. O corpo depende do exterior, é verdade; mas você não é somente o corpo. *Você* não depende do lado de fora. Você depende do mundo interior. Estes são os dois sentidos: mover-se para fora ou mover-se para dentro. A meditação é o reconhecimento de que "também há um mundo interior e tenho que procurá-lo".

A meditação é a mente se voltando para a sua própria fonte.

A mente é um modo de entender o objeto; a meditação é um modo de entender o sujeito. A mente é uma preocupação com o conteúdo, e a meditação é uma preocupação com o recipiente, a consciência. A mente fica obcecada pelas nuvens, e a meditação busca o céu. As nuvens vêm e vão; o céu permanece, reside.

Busque o céu interior. E, se o encontrar, você nunca morrerá.

A MEDITAÇÃO:
CONSCIÊNCIA COTIDIANA

O trecho que se segue é adaptado de *O livro dos segredos*, de Osho. É uma técnica simples para lhe dar a sensação e a experiência de trazer a consciência às atividades que você pratica todos os dias. Enquanto experimenta a técnica, comece a recuperar seu estado meditativo natural de todo o ruído e todo o tráfego da mente.

Osho disse:

Quando digo que a consciência não pode ser atingida pela mente, quero dizer que não se pode atingi-la pensando sobre ela. Ela só pode ser atingida fazendo, não pensando.

Portanto, não fique pensando sobre o que é a consciência, como atingi-la ou qual será o resultado. Não pense; coloque em prática.

Quando estiver andando na rua, ande com consciência. É difícil, você vai esquecer, mas não desanime. Sempre que se lembrar, fique alerta.

Dê cada passo com toda a vigilância, intencionalmente.

Mantenha o passo, sem permitir que a mente vá para outro lugar.

Quando comer, coma. Mastigue sua comida com consciência.

O que quer que você faça, não faça mecanicamente. Por exemplo, posso mover minha mão mecanicamente. Mas também posso mover minha mão com total atenção. Minha mente está consciente de que minha mão está sendo movida.

A técnica

Faça, tente – agora mesmo. Estenda a mão para um objeto próximo e pegue-o como faria normalmente, de forma mecânica. Depois, ponha-o de volta no lugar.

E agora... tome consciência de sua mão, sinta-a de dentro para fora. Se houver qualquer tensão na mão, nos dedos, deixe a tensão ir embora.

Permaneça com a consciência de sua mão, com toda a sua atenção na mão, e estenda-a novamente para pegar o objeto. Pegue-o. Sinta sua textura, seu peso. Como é a sensação dele na mão. Veja como sua mão quer reagir a esse objeto... virá-lo, pesá-lo, brincar com ele... ou simplesmente segurá-lo imóvel. Com vigilância e consciência de cada movimento.

Agora, pouse o objeto, mantendo-se alerta e consciente do movimento de sua mão.

Você sentirá a mudança. A qualidade da ação muda no mesmo instante.

Osho explicou:

Por exemplo, se você comer com consciência, não conseguirá comer mais do que é necessário para o corpo.

A qualidade muda. Se comer com consciência, você mastigará mais. Com os hábitos inconscientes e mecânicos, você simplesmente continua empurrando coisas para seu estômago. Você não mastiga nada, só se enche. Então não há prazer. E, como não há prazer, você precisa de mais para obter o prazer. Não há paladar, e assim você precisa de mais comida.

Apenas fique alerta e veja o que acontece. Se estiver atento, você mastigará mais, sentirá mais o sabor, sentirá o prazer de comer. E, quando o corpo desfruta, ele lhe diz quando parar.

Experimente essa técnica de consciência hoje e nos próximos dias, em situações diferentes; não há necessidade de reservar um tempo extra para essa meditação. A questão é apenas meditar de um jeito relaxado e divertido enquanto faz essas atividades normais e cotidianas. As coisas ordinárias que você faz normalmente sem pensar, faça desta vez em um espaço de consciência.

Citação do dia

Quando a mente sabe, chamamos de conhecimento.
Quando o coração sabe, chamamos de amor.
E quando o ser sabe, chamamos de meditação.

– OSHO

ANOTAÇÕES
DIA 1 O QUE É MEDITAÇÃO?

DIA 2

Meditações sobre amor e relacionamento

Uma coisa é levar a consciência para nossas ações físicas e para as sensações do corpo enquanto andamos, comemos, limpamos a casa e assim por diante. Ou até tomar consciência de nossos pensamentos e nossas emoções quando estamos sozinhos e nos afastamos um pouco deles. Mas é algo bem diferente levar essa mesma qualidade de consciência às nossas interações com os outros, principalmente com os parceiros íntimos. O programa de hoje é sobre essa parte de nossa vida.

IDEIAS DE OSHO

O amor não é um relacionamento. O amor se relaciona, mas não é um relacionamento. O relacionamento é algo finalizado. Relacionamento é um substantivo; o ponto final chegou, a lua de mel acabou. Agora não há alegria nem entusiasmo; agora tudo está finalizado. Relacionamento significa algo completo, finalizado, fechado.

O amor nunca é um relacionamento; o amor é relacionar-se. É sempre um rio correndo, sem fim. O amor não conhece ponto final; a lua de mel começa, mas nunca acaba. Não é como um romance que se inicia num ponto e termina em outro; é um fenômeno em andamento. Os amantes acabam, o amor permanece. É uma linha contínua. Amar é verbo, não substantivo.

Por que reduzimos ao relacionamento a beleza de se relacionar? Porque relacionar-se é inseguro. E o relacionamento é uma segurança, o relacionamento tem uma certeza. Relacionar-se é apenas um encontro de dois desconhecidos, talvez só por uma noite e pela manhã dizemos adeus. Quem sabe o que vai acontecer amanhã? E temos tanto medo que queremos tornar o amanhã certo, queremos torná-lo previsível. Gostaríamos que o amanhã fosse de acordo com nossas ideias; não lhe damos liberdade de ter opinião própria. Assim, imediatamente reduzimos todo verbo a um substantivo. Você se apaixona por um homem ou uma mulher e logo começa a pensar em se casar, em transformar aquilo em um contrato regido por leis. Por quê?

Num mundo melhor, com mais gente meditativa, com um

pouco mais de esclarecimento espalhado pela Terra, as pessoas vão amar, amar imensamente, mas o amor delas permanecerá como relacionar-se, não como relacionamento. E não estou dizendo que o amor delas será efêmero. Há toda a possibilidade de que o amor delas vá mais fundo do que o nosso, pode ter mais qualidade na intimidade, pode ter algo mais de poesia e de devoção. E há grande possibilidade de que o amor delas dure mais do que nosso dito relacionamento. Mas não será garantido pela legislação, pelo tribunal, pela polícia. A garantia será interna. Será um compromisso vindo do coração, será uma comunhão calada. Se gosta de estar com alguém, você vai querer desfrutar disso cada vez mais. Se aprecia a intimidade, vai querer explorar essa intimidade cada vez mais.

Esqueça os relacionamentos e aprenda a se relacionar.

Quando estão em um relacionamento, as pessoas consideram garantida a presença do outro. É isso que destrói todos os casos de amor. Relacionar-se significa que você está sempre começando; está tentando continuamente se tornar conhecido. Mais e mais, vocês se apresentam um ao outro. Estão tentando ver as muitas facetas da personalidade do outro. Estão tentando penetrar cada vez mais fundo em seu terreno de sentimentos íntimos, nos recessos profundos de seu ser. Estão tentando desvelar um mistério que não pode ser desvelado.

Esta é a alegria do amor: a exploração da consciência. E quando você se relacionar e não reduzir isso a um relacionamento, o outro se tornará um espelho para você. Ao descobri-lo, sem perceber você também estará se descobrindo. Ao ir mais fundo no outro, ao conhecer os sentimentos, os pensamentos e as agitações mais profundas dele, você também conhecerá seus sentimentos mais profundos. Os amantes se tornam espelhos um do outro, e aí o amor se torna uma meditação.

AS MEDITAÇÕES:
AMAR-SE, MEDITAÇÃO DE UNICIDADE PARA PARCEIROS

Há duas meditações relacionadas para praticar no seu próprio tempo.

A primeira e mais fundamental e relevante para todos nós é sobre amar a si mesmo. Osho costumava nos lembrar de que o amor começa quando somos capazes de *nos* amarmos. Só quando nos amamos conseguimos amar os outros; o amor a si mesmo é a base.

Técnica 1. Amar-se

É melhor se você encontrar um lugar bonito na natureza onde possa ficar sozinho e sem perturbações por algum tempo, mas também é possível usar seu lugar favorito em casa (talvez sua poltrona preferida) ou um lugar especial para meditação que tenha criado. Você pode até fazer isso na cama, antes de dormir.

Experimente um pouco disto:

Apenas sentado, sozinho, apaixone-se por si pela primeira vez. Esqueça o mundo; só se apaixone por si. Alegre-se com o próprio eu, saboreie-se... Espere um pouco, busque um pouco. Sinta sua singularidade, delicie-se com a própria existência. Você é nessa existência! Até esse fato, até essa percepção muito consciente de que "eu sou", pode ser um vislumbre de bem-aventurança: a respiração está acontecendo... o coração está batendo... apenas se alegre um pouco com tudo isso.

Deixe o sabor disso se impregnar por todos os seus poros. Permita-se ser varrido pela intensa emoção. Comece a dançar se tiver vontade, comece a rir se tiver vontade, comece a cantar se tiver vontade; mas lembre-se de manter você mesmo no centro de tudo... E deixe as fontes de felicidade correrem a partir de seu interior, não do exterior.

Aos poucos, deixe isso se aprofundar em sua experiência.

Técnica 2. Meditação de unicidade para parceiros

A segunda meditação é pensada para casais ou amigos.

Você pode fazer esta meditação de 30 minutos a qualquer momento em que sentir que o relacionamento não avança ou só porque quer criar uma conexão mais profunda com seu amigo ou parceiro num espaço que está além da conversa e das palavras de sempre. Recomenda-se fazer isso à noite.

PRIMEIRO PASSO: Sentem-se de frente um para o outro, um segurando as mãos do outro de forma cruzada. Durante 10 minutos, simplesmente olhem nos olhos um do outro. Se o corpo começar a se mexer e oscilar, deixe. Vocês podem piscar, mas continuem olhando nos olhos um do outro. Não larguem as mãos, aconteça o que acontecer.

SEGUNDO PASSO: Fechem os olhos e permitam a oscilação do corpo por mais 10 minutos.

TERCEIRO PASSO: Agora fiquem em pé e oscilem juntos, segurando as mãos, por 10 minutos.

Isso vai misturar profundamente a energia de vocês.

Citação do dia

Às vezes, os amantes sentem que, quando o amor está lá, eles não estão. Sentir isso no amor é fácil porque o amor é gratificante, mas sentir no ódio é difícil porque o ódio não é gratificante.
Os amantes, amantes profundos, já sentiram que não é que eles "amem"; o amor não é uma atividade. Em vez disso, eles se tornaram amor.

– Osho

ANOTAÇÕES
DIA 2 MEDITAÇÕES SOBRE AMOR E RELACIONAMENTO

DIA 3

Meditações sobre a raiva

O programa de hoje examina as emoções, especificamente uma emoção que todos já sentimos: a raiva.

Nossos sentimentos desempenham um papel profundo no modo como nos vemos e podem até afetar nossa saúde física. É comum ficarmos presos no dilema entre "expressão" e "repressão". Embora exprimir emoções como a raiva possa assustar ou machucar os outros, quando a reprimimos também nos arriscamos a nos ferir. Em geral, lidamos com a raiva entre estes dois extremos: ou a descarregamos nos outros ou a guardamos dentro de nós e nos sentimos mal.

No discurso de hoje, Osho apresenta uma terceira alternativa, um método que possibilita sermos os senhores de nossas emoções em vez de sermos dominados por elas. Depois de conhecer essa abordagem para lidar com esse estado emocional frequentemente indesejável, você será apresentado a um método simples para desenvolver a habilidade de responder às emoções com consciência em vez de apenas reagir e ser esmagado por elas. O exercício prático de hoje é voltado especificamente para mudar o padrão "automático" da raiva.

IDEIAS DE OSHO

Se tentar não se zangar, você reprimirá a raiva. Se tentar transcender a raiva, você não a reprimirá; ao contrário, terá que entender a raiva, terá que observar a raiva. No observar está a transcendência.

Se reprimir a raiva, ela vai para seu inconsciente; você fica cada vez mais envenenado. Não é bom, não é saudável; vai deixar você neurótico, mais cedo ou mais tarde. E, cedo ou tarde, a raiva acumulada vai explodir, o que é muito mais perigoso, porque então você não terá como controlá-la de modo algum.

É melhor acabar com ela todos os dias, em pequenas doses. Essas doses são homeopáticas: quando se sentir com raiva, fique com raiva. Isso é muito mais saudável do que acumular a raiva durante alguns anos e, um dia, explodir. Neste ponto será demais; você não conseguirá nem estar consciente do que faz. Será absolutamente louco. Você pode fazer algo prejudicial para si ou para os outros; pode assassinar alguém ou se suicidar.

A transcendência é um processo totalmente diferente. Na transcendência, você não reprime a raiva e também não a exprime.

Até agora você só conhece duas maneiras de lidar com a raiva: expressão e repressão. E o modo real de lidar com ela não é nenhum dos dois. Não é expressão, porque quando exprime a raiva você cria raiva no outro; então ela se torna uma corrente... o outro exprime a raiva, aí você é provocado de novo... e aonde isso vai parar? E quanto mais você a exprime, mais ela se torna um hábito, um hábito mecânico. E quanto mais você a exprime, mais a pratica! Será difícil para você se livrar dela.

Com esse medo, surgiu a repressão: não a exprima, porque traz grande sofrimento a você e aos outros à toa. Deixa você feio, cria situações feias na vida, e aí você tem que pagar por tudo isso. E aos poucos, bem aos poucos, se torna um hábito tão arraigado que vira uma segunda natureza.

Por medo da expressão, surgiu a repressão. Mas, se reprimir, você acumulará o veneno. Está fadado a explodir.

A terceira abordagem, a abordagem de todas as pessoas iluminadas do mundo, não é exprimir nem reprimir, mas observar. Quando a raiva surgir, sente-se em silêncio, deixe que ela o cerque no seu mundo interior, deixe a nuvem cercá-lo, seja um observador calado. Veja: isso é a raiva.

Buda disse aos seus discípulos: quando a raiva surgir, escute-a, escute sua mensagem. E lembre-se todas as vezes, fique se dizendo: raiva, raiva... Fique alerta, não adormeça. Perceba que a raiva o cerca. Você não é a raiva! Você é seu observador. E é aí que está o segredo.

Aos poucos, observando, você se torna tão separado dela que ela não pode afetá-lo. E fica tão afastado, tão frio e distante, e a distância é tanta que ela parece não ter importância alguma. Na verdade, você começará a rir de todas as coisas ridículas que andou fazendo no passado por causa dessa raiva. Ela não é você. Ela está lá, fora de você. Está cercando você. Mas, no momento em que não se identificar mais com ela, você não despejará nela sua energia.

Lembre-se: despejamos nossa energia na raiva; só então ela se torna vital. Ela não tem energia própria e depende da nossa cooperação. Ao observar, a cooperação se rompe; você não a sustenta mais. Ela estará lá por alguns momentos, alguns minutos, e depois irá embora. Se não achar raízes em você, se o encontrar indisponível, ao ver que você está longe, que é um observador no alto do morro, ela vai se dissipar, ela vai desaparecer. E esse desaparecimento é lindo. Esse desaparecimento é uma grande experiência.

Ao ver a raiva desaparecer, uma grande serenidade surge: o silêncio que se segue à tempestade. Você se surpreenderá porque, toda vez que a raiva surgir, se conseguir observar, você cairá numa tranquilidade como nunca conheceu. Cairá numa meditação profunda... Quando a raiva desaparecer, você se verá tão fresco, tão jovem, tão inocente, como nunca se viu. Então até agradecerá à raiva; não se zangará com ela, porque ela lhe deu um espaço lindo e belo onde viver, uma experiência totalmente nova a vivenciar. Você a usou, você a transformou num degrau.

Esse é o uso criativo das emoções negativas.

A MEDITAÇÃO:
MUDAR O PADRÃO DA RAIVA

É comum parecer que a raiva está apenas fervilhando sob a superfície, esperando a oportunidade de irromper. Mesmo que você a descarregue e encontre um modo de exprimi-la, a não ser que vá mais fundo para descobrir sua fonte – perceber o que há dentro de você que a provoca –, o padrão subjacente não mudará. Se tudo o que você faz é pôr a raiva para fora, voltará a acumular raiva outra vez, e o padrão se perpetuará.

A meditação de hoje pode romper o padrão que nos faz acumular a raiva várias e várias vezes. Criada por Osho especificamente para um indivíduo que estava com dificuldades para lidar com sua raiva, ela é um método que usa o corpo como guia. Faça com sinceridade e veja o que lhe traz. A única maneira de descobrir é realmente fazendo.

Você precisará de cerca de 20 minutos e um lugar onde possa ficar sozinho sem interrupções. Marque um alarme ou temporizador para 15 minutos.

A técnica

Todos os dias, durante 15 minutos, a qualquer momento que achar apropriado, feche a porta do quarto ou da sala e, sentado ou em pé, comece a ficar com raiva, mas não a libere, não a exprima. Continue a forçá-la, fique quase louco de raiva, mas não a libere, não a exprima... nem mesmo socando uma almofada. Reprima-a de todas as maneiras.

A princípio, talvez você precise se lembrar de uma situação específica em que se sentiu realmente enraivecido, só para trazer o sentimento de volta. Mas deixe seu corpo ser o guia, deixe os sentimentos que experimentou no seu corpo serem seu foco, não a circunstância, qualquer que seja, que causou a raiva. Não intelectualize, só fique em contato com as sensações físicas que surgem quando há raiva. E permita que essas sensações fiquem cada vez mais intensas.

Caso sinta a tensão subir do estômago como se algo fosse explodir, contraia os músculos abdominais o mais forte que puder. Se sentir que os ombros estão ficando tensos, os punhos querendo se fechar com vontade de atingir alguém, deixe os ombros e as mãos ainda mais tensos e apertados. Se descobrir que está trincando os dentes, com vontade de gritar, trinque os dentes ainda mais. Deixe o corpo inteiro o mais tenso possível, quase como se houvesse um vulcão fervendo por dentro, mas sem liberação. Esse é o ponto a lembrar: sem liberação, sem expressão. Não grite, senão o estômago se libera. Não bata em nada, senão os ombros ficarão soltos e relaxados. Durante 15 minutos, aumente a pressão, como se tentasse chegar ao ponto de fervura. Ao longo desse tempo, aumente a tensão até o clímax. Quando o alarme disparar, tente ao máximo manter toda a tensão dentro de si.

Então, quando o alarme parar de tocar, sente-se em silêncio, feche os olhos, relaxe o corpo e só observe o que está acontecendo. Seja uma testemunha durante mais cinco minutos, pelo menos, mais do que isso se achar adequado; relaxe o corpo e só observe.

Se achar que esse método combina com você, faça essa sequência todos os dias durante duas semanas. Esse aquecimento do sistema corporal forçará seus padrões a se derreterem.

E, se sentir que a raiva não é o seu problema, substitua por tristeza, ciúme, medo ou qualquer emoção cujo padrão você queira mudar, e ajuste o exercício de acordo.

Citação do dia

A ciência da transformação da vida se chama meditação. Pela análise, a ciência física chega ao átomo e ao poder atômico, mas a meditação chega à alma e ao poder da alma.

– OSHO

ANOTAÇÕES

DIA 3 MEDITAÇÕES SOBRE A RAIVA

DIA 4

Viver em equilíbrio

A pessoa viva está sempre se movendo em polaridade. Osho nos ajuda a entender a importância da inter-relação dos polos opostos e a descobrir de que modo, em termos da totalidade de nosso ser, todos os aspectos de nossa experiência – dias e noites, altos e baixos, alegrias e tristezas – precisam ser aceitos.

No discurso de hoje, Osho comenta a arte da vida equilibrada. A vida pode ser uma experiência de extremos desconfortáveis, mas o apego ao meio, a um estado sempre estático, também não seria uma ideia muito boa. Na meditação que se segue ao discurso de Osho, aprenderemos a aceitar e relaxar com o que chamamos de "negativo" e, paradoxalmente, veremos de que modo nossas partes negativas aumentam o sabor e o tempero da vida.

IDEIAS DE OSHO

A vida é composta de extremos. A vida é uma tensão entre opostos. Estar para sempre no meio significa estar morto. O meio é apenas uma possibilidade teórica; só de vez em quando você está no meio, como fase de passagem. É como andar na corda bamba: você nunca pode ficar exatamente no meio. Se tentar, cairá.

Afinal, estar no meio não é uma situação estática, é um fenômeno dinâmico. Quem anda na corda bamba se move o tempo todo da esquerda para a direita, da direita para a esquerda. Quando sente que se moveu demais para a esquerda e vem o medo de cair, ele imediatamente se equilibra movendo-se para o lado oposto, para a direita. Quando passa da esquerda para a direita, sim, há um momento em que está no meio. E, novamente, quando se moveu demais para a direita – vem o medo de cair, ele está perdendo o equilíbrio –, ele começa a se mover para a esquerda. Ao passar da direita para a esquerda, ele passa novamente pelo meio por um momento.

É por isso que você não deve pensar no substantivo equilíbrio, mas no verbo equilibrar-se. Equilibrar-se é um processo dinâmico. Não se pode ficar no meio. Você pode continuar se movendo da esquerda para a direita e da direita para a esquerda; essa é a única maneira de permanecer no meio.

Não evite os extremos e não escolha um dos extremos. Fique disponível para ambas as polaridades; essa é a arte, o segredo de equilibrar-se. Sim, às vezes ser absolutamente feliz e às vezes absolutamente triste: ambos têm suas belezas próprias.

Nossa mente gosta de escolher: aí é que está o problema. Permaneça sem escolha. E o que quer que aconteça e onde quer que esteja, à direita ou à esquerda, no meio ou fora do meio, desfrute do momento em sua totalidade. Quando estiver feliz, dance, cante, toque música: seja feliz. E, quando a tristeza vier – que está fadada a vir, que está vindo, tem que vir, é inevitável e você não pode impedir –, se tentar evitá-la, terá que destruir a própria possibilidade de felicidade. O dia não pode existir sem a noite, o verão não pode existir sem o inverno, a vida não pode existir sem a morte.

A vida contém os dois polos: traz grande dor e traz grande prazer. Dor e prazer são dois lados da mesma moeda. Se abandonar um, terá que abandonar o outro também. Esse tem sido um dos mal-entendidos mais fundamentais no passar das eras: que se pode abandonar a dor e resguardar o prazer, que se pode evitar o inferno e ter o céu, que se pode evitar o negativo e ter só o positivo. Essa é uma grande falácia. Não é possível, pela própria natureza das coisas. O positivo e o negativo estão juntos, inevitavelmente juntos, indivisivelmente juntos. São dois aspectos da mesma energia.

Não consegue ver beleza na tristeza? Medite sobre isso. Da próxima vez que ficar triste, não lute, não perca tempo lutando. Aceite, receba a tristeza; que ela seja um hóspede bem-vindo. E veja o fundo dela, com amor e carinho. Seja um verdadeiro anfitrião. Você vai se surpreender – vai se surpreender além da compreensão –, porque a tristeza tem algumas belezas que a felicidade nunca terá. A tristeza tem profundidade e a felicidade é sempre rasa. A tristeza tem lágrimas, e as lágrimas vão mais fundo do que qualquer risada. E a tristeza tem seu próprio silêncio, uma melodia que a felicidade jamais terá.

Leve a vida de todas as maneiras possíveis; não prefira uma

coisa a outra e não tente ficar no meio. E não tente se equilibrar; o equilíbrio não é algo que possa ser cultivado por você. O equilíbrio é algo que vem da experiência de todas as dimensões da vida.

A MEDITAÇÃO:
ACEITAR O NEGATIVO E O POSITIVO

Temos que aprender a conviver tanto com as partes negativas de nosso ser quanto com as positivas; só então nos tornaremos inteiros. Em geral, queremos viver somente com a parte positiva. Mas ambas precisam ser aceitas. Assim é a vida: as duas juntas. Nesta meditação, pratique entender e aceitar todos os aspectos bons e maus e permita que surja uma harmonia.

Quando fizer esta meditação em seu próprio tempo, reserve cinco minutos para cada um dos três passos. Agora você já pode experimentar um pouco, só alguns momentos em cada passo.

A técnica

PRIMEIRO PASSO: Feche os olhos e comece olhando para dentro de seu corpo, de sua mente, de seus sentimentos; neste momento, onde encontrar a parte negativa? Ela está sempre aí, portanto é só encontrar algo "negativo", por menor que seja. Quando achar, não faça nada para se livrar dele. Talvez esteja se sentindo inquieto; portanto, fique inquieto. Talvez esteja sentindo frio; portanto, trema e desfrute. Ou talvez esteja com calor; portanto sue e relaxe com isso. Talvez esteja infeliz com algo na vida... Fique infeliz! Não faça muito alvoroço, só fique infeliz. Talvez haja uma dor em algum ponto do corpo: deixe que doa, relaxe com ela. Sejam quais forem as partes negativas que encontrar, neste momento relaxe com elas.

SEGUNDO PASSO: Agora, largue essas partes negativas e, ainda com os olhos fechados, comece olhando para dentro de seu corpo, de sua mente, de seus sentimentos; neste momento, onde encontrar a parte positiva? Ela está aí, o outro lado da polaridade, portanto encontre-a, por menor que seja. E, quando a encontrar, não faça nada para torná-la maior ou para se agarrar a ela. Só relaxe com o positivo. Talvez seja a sensação de estar confortavelmente sentado, portanto desfrute. Ou o fato de que sente que esse momento é só para você: relaxe com ele. Se surgir alguma lembrança de bem-estar ou uma sensação de leveza, desfrute... e não faça muito alvoroço por isso. Aceite da mesma maneira que aceitou o negativo.

TERCEIRO PASSO: Agora, largue as partes positivas também e, com os olhos ainda fechados, simplesmente seja – permitindo a harmonia entre suas partes escuras e claras, permitindo os contrastes, os polos opostos de seu ser. Aceite o escuro, aceite a luz, entenda que, por causa dos contrastes, a vida se torna uma harmonia. Por esses poucos momentos, só seja.

Agora você pode voltar a abrir os olhos e se preparar para desfrutar do resto do dia com a compreensão de que o equilíbrio é algo que vem da experiência de *todas* as dimensões da vida.

Citação do dia

A vida precisa de ambos: espinhos e rosas, dias
e noites, felicidade e infelicidade, nascimento e morte.
Seja testemunha disso tudo e conhecerá algo que
está além do nascimento, além da morte; algo
que está além da escuridão e além da luz; algo que
está além da felicidade, além da infelicidade.
Buda chamou isso de paz, nirvana.

— OSHO

ANOTAÇÕES
DIA 4 VIVER EM EQUILÍBRIO

DIA 5

Amor e meditação de mãos dadas

No trecho de hoje de um dos discursos de Osho, ele oferece suas ideias sobre o que chama de *koan* dos relacionamentos. Como fonte de muitos altos e baixos, subidas e descidas, positivos e negativos de nossa vida, pode ser bem difícil se orientar nos relacionamentos íntimos. Isso costuma se exprimir em uma frase conhecida que se aplica igualmente a homens e mulheres: "Não consigo viver *com*, não consigo viver *sem*." Osho sugere que, quando aprendemos a ver o parceiro não como a *causa* do modo como nos sentimos – felizes ou péssimos, frustrados ou contentes –, mas como um espelho que *nos mostra quem somos*, esse entendimento traz uma qualidade totalmente nova à jornada de explorar a vida em parceria com outra pessoa.

Depois do discurso, a técnica de meditação de hoje se chama: "Permitir que o coração se abra como uma flor". Você pode experimentar sempre que o tempo propiciar.

IDEIAS DE OSHO

O relacionamento é um *koan*. A menos que você tenha resolvido uma coisa mais fundamental sobre si, você não pode resolvê-lo. O problema do amor só pode ser resolvido quando o problema da meditação foi resolvido, não antes, porque na verdade são duas pessoas não meditativas que estão criando o problema. Duas pessoas que estão em confusão, que não sabem quem são, naturalmente multiplicarão a confusão um do outro; elas a ampliam.

A não ser que a meditação seja atingida, o amor permanecerá um sofrimento. Depois de aprender a viver sozinho, depois de aprender a desfrutar de sua simples existência, por nenhuma razão, haverá a possibilidade de resolver o segundo problema mais complicado da união de duas pessoas. Só dois meditadores conseguem viver em amor, e então o amor não será um *koan*. Mas aí também não será um relacionamento, no sentido que vocês entendem. Será simplesmente um estado de amor, não um estado de relacionamento.

Portanto, entendo sua preocupação. Mas peço que as pessoas mergulhem nesses problemas porque eles as deixarão conscientes da questão fundamental: o fato de que você, lá no fundo de seu ser, é um enigma. E o outro é simplesmente um espelho. É difícil conhecer os próprios problemas diretamente; é facílimo conhecê-los em um relacionamento. Um espelho fica disponível; você vê o seu rosto no espelho, e o outro vê o rosto dele no seu espelho. Ambos estão zangados, porque ambos veem rostos feios – e, naturalmente, ambos gritam um com o outro, porque sua lógica natural é: "Você, esse espelho, é que está me fazendo parecer tão feio. Sem isso, sou uma pessoa linda."

Esse é um problema que os amantes continuam tentando resolver, mas não conseguem. O que dizem várias e várias vezes é: "Sou uma pessoa tão linda, mas você me faz parecer tão feio."

Ninguém está fazendo você parecer feio; você é feio! Sinto muito, mas é assim que é. Seja grato ao outro; seja grato ao outro porque ele o ajuda a enxergar seu rosto.

Não fique com raiva. Vá mais fundo dentro de você, vá mais fundo na meditação.

O que acontece é que, sempre que se apaixona, a pessoa esquece tudo sobre a meditação. Olho vocês; sempre que vejo algumas pessoas faltando, sei o que aconteceu. O amor aconteceu! Agora elas não se acham necessárias aqui. Só virão quando o amor criar problemas e for impossível para elas resolvê-los. Então virão para perguntar: "Osho, o que fazer?"

Quando estiver apaixonado, não esqueça a meditação. O amor não vai resolver nada. O amor só vai lhe mostrar quem você é, onde você está. E é bom que o amor o deixe alerta, alerta para toda a confusão e todo o caos dentro de você. Agora é a hora de meditar. Quando amor e meditação andam juntos, você terá duas asas, você terá equilíbrio.

E o inverso também acontece. Sempre que começa a se aprofundar na meditação, a pessoa começa a evitar o amor, porque acha que, se entrar no amor, a meditação será perturbada. Isso também está errado. A meditação não será perturbada, a meditação será auxiliada. Por que será auxiliada? Porque o amor continuará a lhe mostrar onde ainda há problemas, onde eles estão. Sem o amor, você ficará inconsciente de seus problemas. Mas tornar-se inconsciente não significa que você os resolveu. Quando não há espelho, não significa que você não tenha rosto.

O amor e a meditação deveriam andar de mãos dadas. Essa é uma das mensagens mais essenciais que eu gostaria de dividir com vocês: o amor e a meditação deveriam andar de mãos dadas. Ame e medite, medite e ame, e aos poucos, bem aos poucos, você verá uma nova harmonia surgir em você. Só essa harmonia já o deixará contente.

A MEDITAÇÃO:
PERMITIR QUE O CORAÇÃO SE ABRA COMO UMA FLOR

Esta meditação usa a respiração – que acontece o tempo todo, mesmo que, na maior parte do tempo, não tenhamos consciência dela.

Aproveite um momento agora e afrouxe sua roupa, principalmente em torno da barriga, para que essa área possa se mover com mais liberdade.

"Às vezes, o coração cheio de amor está lá", dizia Osho, "[...] mas é como um botão, não como uma flor; as pétalas estão fechadas. Esse botão pode virar uma flor."

É preciso notar que há o músculo cardíaco e há o centro cardíaco – às vezes chamado de chacra do coração ou centro do coração –, localizado entre os seios, no meio do peito. Nessa meditação, estamos lidando com o centro do coração. Se quiser, você pode imaginar seu centro do coração como a flor de sua preferência.

Esta é uma técnica de respiração pequena e simples que ajuda o centro do coração a florir.

A técnica

Sente-se em uma posição relaxada e mantenha a coluna ereta.

Reserve um momento para tomar consciência de sua respiração – não para mudá-la, mas para ter mais consciência dela, de COMO está acontecendo.

É profunda ou superficial? Está acontecendo sozinha? Ou você observa que faz esforço para inspirar ou para expirar? Você se sente mais confortável na inalação ou na exalação?

Agora vamos respirar de um jeito específico. O funcionamento será explicado primeiro, depois você pode fechar os olhos e praticar.

Em primeiro lugar, expire até TODO o ar sair do pulmão, então contraia a barriga e use essa ação para expulsar todo o ar restante.

Quando sentir que o ar saiu, pare e deixe o pulmão vazio pelo maior tempo possível. (Não precisa ter medo, porque, sempre que necessário, o ar entrará por conta própria.)

Ao entrar, o ar abrirá as pétalas do centro do coração. Este é um dos mecanismos mais importantes para abrir o coração.

Portanto, prepare-se: expire profundamente, contraia a barriga e jogue TODO o ar para fora do pulmão.

Quando sentir que todo o ar saiu, mantenha-o fora o máximo que puder, deixe-o do lado de fora o maior tempo possível.

E, quando o ar entrar de uma só vez, sinta-o abrindo as pétalas do coração.

Agora, faça de novo: expire profundamente, contraia a barriga e jogue TODO o ar para fora do pulmão.

Quando sentir que todo o ar saiu, mantenha-o fora o máximo que puder, deixe-o do lado de fora o maior tempo possível.

E, quando o ar entrar com rapidez, sinta-o abrindo as pétalas do coração.

Esta técnica simples também pode ser usada sempre que você quiser mudar seu estado de espírito; talvez esteja com ciúmes, incomodado com algo no trabalho ou com alguma coisa que lhe disseram. Reserve alguns instantes e tire todo o ar do pulmão – e, com ele, toda a negatividade que estiver sentindo. Ponha para fora. E, quando o ar invadir de novo seus pulmões, permita que as pétalas de seu coração se abram.

Citação do dia

A meditação é o começo, a semente; o êxtase é
a flor. E com meditação não quero dizer apenas
olhar através da mente – é a mente que nos isola do
mundo –, mas olhar através do coração. É o coração
que nos une ao mundo, é o coração que tem coragem
de se derreter e se fundir com o todo. A mente
é covarde; o coração é realmente corajoso.

— Osho

ANOTAÇÕES
DIA 5 AMOR E MEDITAÇÃO DE MÃOS DADAS

DIA 6

Viver perigosamente

Quase todos nós temos uma "zona de conforto" na qual nos sentimos seguros, a salvo, como se tivéssemos praticamente tudo sob controle. Mas às vezes a zona de conforto pode se tornar uma prisão, um lugar onde nada parece mudar, onde dia após dia nos vemos dando voltas na mesma rotina. Quando isso acontece, não é de admirar que nos sintamos "presos". O programa de hoje nos convida a sair da zona de conforto do conhecido, do seguro. No seu discurso, Osho responde à pergunta: "O que significa viver perigosamente?" A resposta dele pode surpreender você.

A meditação que se segue é um exercício de tirar a "armadura" que pode se acumular à nossa volta quando temos medo de sair da nossa zona de conforto. A experiência de despir essa camada de proteção, que pode ser praticada no ambiente seguro de nosso lar, possibilita o encontro com pessoas e com o desconhecido de um modo novo, mais íntimo e menos formal.

IDEIAS DE OSHO

O que significa viver perigosamente?

Viver perigosamente significa viver. Quem não vive perigosamente não vive. Viver só floresce com o perigo. Viver nunca floresce em segurança; só floresce na insegurança.

Quando você começa a se sentir seguro, você se torna uma poça estagnada. Sua energia não se move mais. Aí você tem medo porque ninguém sabe como entrar no desconhecido. E por que correr o risco? O conhecido é mais seguro. Então você fica obcecado pelo que é familiar. Você não o aguenta mais, se entedia com ele, sofre nele, mas ainda assim parece familiar e confortável. Pelo menos é conhecido. O desconhecido lhe cria tremores – a mera ideia do desconhecido –, e você começa a se sentir inseguro.

Só há dois tipos de pessoa no mundo. As que querem viver confortavelmente: elas buscam a morte; querem um túmulo confortável. E as que querem viver: elas escolhem viver perigosamente, porque a vida só prospera quando há risco.

Você já escalou montanhas? Quanto mais alta a escalada, mais renovado você se sente, mais jovem você se sente. Quanto maior o perigo de queda, quanto maior o abismo ao lado, mais vivo você fica – entre a vida e a morte, quando está apenas pendurado entre a vida e a morte. Então não há tédio, não há poeira do passado, não há desejo do futuro. O momento presente é muito aguçado, como uma chama. É suficiente. Você vive no aqui e agora.

Surfar, esquiar, voar de asa-delta... onde quer que haja o

risco de perder a vida há uma alegria tremenda, porque o risco de perder a vida nos deixa tremendamente vivos. Por isso as pessoas se sentem atraídas pelos esportes radicais.

Quando chega mais alto, quando vai para mais longe da vida estabelecida e rotineira, você se torna selvagem outra vez, você se torna de novo parte do mundo animal. E a cada momento a segurança, o saldo bancário, a esposa, o marido, a família, a sociedade, a igreja, a respeitabilidade, tudo some e se afasta, cada vez mais distante. Você se torna sozinho.

É por isso que as pessoas se interessam tanto por esportes. Mas isso também não é o perigo real, porque você pode ficar muito, muito hábil. E aí esses riscos são apenas físicos, só o corpo está envolvido. Quando lhe digo "viva perigosamente", não me refiro apenas ao risco corporal, mas ao risco psicológico e, finalmente, ao risco espiritual.

Quando digo "viva perigosamente", quero dizer: não leve a vida da respeitabilidade ordinária, quer você seja prefeito da cidade, quer seja membro de uma grande empresa. Isso não é vida. Quando tudo vai perfeitamente bem, basta ver: você está morrendo e nada acontece. Cuidado: pode-se perder a vida inteira em troca de coisas comuns e mundanas.

Ser espiritual significa entender que essas pequenas coisas não deveriam receber demasiada importância. Não quero dizer que não tenham sentido. O dinheiro é necessário, é uma necessidade, mas o dinheiro não é a meta, não pode ser a meta. Uma casa é necessária, com certeza. É uma necessidade. Não sou asceta e não quero que vocês destruam suas casas e fujam para o Himalaia.

As pessoas vêm a mim e dizem que sentem muito tédio. Elas se sentem presas, não aguentam mais. O que fazer? Elas acham que só por repetir um mantra voltarão a estar vivas.

Não é tão fácil assim. Elas terão que mudar todo seu padrão de vida.

Ame, mas não deixe o amor se degradar em casamento. Trabalhe – o trabalho é necessário –, mas não deixe o trabalho se tornar sua única vida. Brincar deveria continuar a ser sua vida, o centro de sua vida. Trabalhar deveria ser um meio para chegar ao brincar. Trabalhar no escritório, trabalhar na fábrica, trabalhar na loja, mas só para ter tempo, oportunidade de brincar. Não deixe sua vida se reduzir apenas a uma rotina de trabalho. Porque a meta da vida é brincar. Brincar significa fazer alguma coisa só pelo gosto de fazê-la.

Viver perigosamente significa levar a vida como se cada momento fosse seu próprio fim. Cada momento tem seu próprio valor intrínseco. E você não tem medo. Você sabe que a morte está lá, aceita o fato de que a morte está lá e não se esconde dela. Na verdade, você vai e enfrenta a morte. Você desfruta desses momentos de enfrentar a morte – física, psicológica e espiritualmente.

Desfrutar desses momentos em que você entra diretamente em contato com a morte, nos quais a morte se torna quase uma realidade, é o que quero dizer quando falo de viver perigosamente.

O amor deixa você face a face com a morte. A meditação deixa você face a face com a morte.

Mas lembre-se de uma coisa: nunca esqueça a arte de arriscar, nunca, nunca. Sempre permaneça capaz de arriscar. Sempre que encontrar uma oportunidade de arriscar, nunca a perca, assim você nunca será um perdedor. O risco é a única garantia de estar verdadeiramente vivo.

A MEDITAÇÃO:
DISSOLVER A ARMADURA

A meditação de hoje visa dissolver uma camada de proteção, certo tipo de armadura invisível com a qual aprendemos a enfrentar o mundo: nossa zona "livre de riscos".

Uma das maneiras de nos protegermos de situações ou pessoas que parecem ameaçadoras é criar em torno de nós um tipo de armadura, um "escudo protetor" que nos ajuda a nos sentirmos menos vulneráveis e mais seguros. É fácil ver isso nos outros, e até temos uma expressão comum para descrever essa situação. Quando uma pessoa tímida e retraída começa a falar alto, dizemos: "Ela está saindo da casca."

Às vezes, essa armadura pode ser útil e até necessária. O problema é que usá-la frequentemente se torna um hábito, um padrão, quase uma segunda pele que nos impede de nos sentirmos inteiramente vivos, espontâneos, brincalhões, confiantes em nós e em quem somos. Mas ela está conosco há tanto tempo que não sabemos sair dela – embora, de fato, devêssemos ser capazes de tirá-la com tanta facilidade quanto a vestimos.

Uma mulher procurou Osho exatamente com essa dificuldade, e eis o que ele disse: "Você leva uma armadura em torno de você. É só uma armadura. Ela não se agarra a você; *você* se agarra a ela. Portanto, quando tomar consciência dela, você pode simplesmente largá-la. A armadura está morta; se não a carregar, ela desaparece."

Ele continua e sugere maneiras de começar a tomar mais consciência dessa armadura com uma técnica de meditação que traz consciência de onde a armadura se exprime no corpo.

A técnica

Há três passos nesta meditação, veja a seguir:

PRIMEIRO PASSO: Andando ou sentado, expire profundamente. A ênfase deve ser a exalação, não a inalação. Assim, exale profundamente, o máximo de ar que você conseguir pôr para fora. Exale pela boca, mas faça isso devagar para que se demore. Quanto mais tempo levar, melhor, porque será mais fundo. Quando todo o ar do corpo sair, então o corpo inspira; não inspire *você*. A exalação deve ser lenta e profunda; a inalação, rápida.

Isso mudará a armadura perto do peito.

SEGUNDO PASSO: Comece a correr um pouco ou a andar rapidamente. Enquanto suas pernas estiverem em movimento, visualize uma carga que está desaparecendo das pernas, como se caísse delas. Se sua liberdade sofreu grandes restrições, suas pernas passaram a carregar essa armadura. Assim, comece a correr, a andar ou mesmo a dançar livremente e, enquanto as pernas se mexem, sinta essa armadura em torno delas cair. Mais uma vez, como no primeiro passo, dê mais atenção à expiração ao respirar.

Quando recuperar as pernas e sua fluidez, você terá um tremendo fluxo de energia.

TERCEIRO PASSO: Quando estiver pronto para dormir à noite, tire as roupas e, enquanto se despe, simplesmente imagine que não está apenas tirando a roupa, e sim sua armadura. Faça isso mesmo. Tire as roupas e faça outra boa expiração profunda enquanto deixa essa armadura se dissolver.

Citação do dia

Quando se torna um broto, a semente vai para o desconhecido. Quando o broto começa a criar flor, é novamente um movimento para o desconhecido.
E quando a fragrância deixa as flores, mais uma vez, dá um salto quântico rumo ao desconhecido.
A vida precisa de coragem a cada passo.

— Osho

ANOTAÇÕES
DIA 6 VIVER PERIGOSAMENTE

DIA 7

Observar a mente

A essência de todos os métodos de meditação é contemplar, observar, testemunhar e ficar atento. O que nos impede de acessar esse estado natural do ser (e é por isso que precisamos de "métodos!") é a imersão completa e automática no processo de nossos sentimentos e pensamentos, chamados em conjunto de mente.

Parece que perdemos o "botão de desligar" da mente, assim nossos pensamentos e preocupações são companheiros incansáveis dos quais não conseguimos nos afastar. Mesmo quando o corpo está cansado, é comum os pensamentos nos manterem insones. O interessante é que Osho incluiu as emoções junto com os pensamentos no que chamamos de "mente". Todos provavelmente já sentimos como essa "máquina de pensar e sentir" pode nos deixar loucos. Provavelmente, também já pensamos que seria ótimo se soubéssemos desligá-la à vontade e ter alguma paz e tranquilidade quando o pensamento não é mesmo necessário.

Osho falou muito sobre a mente, e as pessoas que o cercavam lhe fizeram muitas perguntas a respeito. No trecho de hoje, Osho responde se a mente não pode simplesmente "se suicidar". Quem pergunta espera claramente que haja algum atalho para silenciar a mente. Osho responde com uma bela explicação da relação entre mente e meditação.

Nas meditações práticas de Osho que veremos a seguir, a primeira sugere que aceitemos nosso processo de pensamento e comecemos a desfrutar da mente em vez de lutar contra ela; a segunda traz um método eficaz e imediato dé PARAR que cria uma distância entre nós e nosso pensamento.

IDEIAS DE OSHO

A mente pode se suicidar?

A mente não pode se suicidar porque qualquer coisa que a mente faça a fortalece. Qualquer ação por parte da mente a torna mais forte. Portanto, não é possível que ela se suicide.

A mente fazer alguma coisa significa que a mente continua em si mesma, de modo que não está na natureza das coisas. Mas o suicídio acontece. A mente não pode se suicidar, não é? Vou ser absolutamente claro: a mente não pode se suicidar, mas o suicídio acontece. Acontece pela observação da mente, não por fazer alguma coisa.

O observador é separado da mente. É mais profundo do que a mente, mais alto do que a mente. O observador está sempre escondido atrás da mente. Um pensamento passa, um sentimento surge... quem está observando esse pensamento? Não a mente em si, porque a mente não passa do processo de pensar e sentir. A mente é só o tráfego do pensamento. Quem está observando? Quando dizemos "Um pensamento zangado me surgiu", em quem o pensamento surgiu? Quem é o recipiente? O pensamento é o conteúdo; quem é o recipiente?

A mente é como um livro impresso: no papel branco e limpo, surgem palavras. Aquele papel vazio é o recipiente, as palavras impressas são o conteúdo. A consciência é como o papel vazio. A mente é como o papel impresso, escrito.

O que existe como objeto dentro de você, o que você pode ver e observar é a mente. O observador não é a mente, o observado é a mente. Assim, se você conseguir simplesmente observar sem condenar, sem criar de jeito nenhum um conflito com a mente, sem se entregar a ela, sem seguir a mente, sem ir contra ela... Se você simplesmente conseguir estar lá, indiferente a ela, nessa indiferença acontece o suicídio. Não é que a mente se suicide; quando o observador aparece, a testemunha está lá; a mente simplesmente some.

A mente existe com sua cooperação ou seu conflito. Ambos são maneiras de cooperar – o conflito também! Quando briga com a mente, você lhe dá energia. Na própria luta, você aceitou a mente; na própria luta, aceitou o poder da mente sobre seu ser. Portanto, quer coopere, quer entre em conflito, em ambos os casos a mente fica cada vez mais forte.

Só observe. Só seja testemunha. E, pouco a pouco, você verá lacunas surgindo. Um pensamento passa e o outro pensamento não vem imediatamente: há um intervalo. Nesse intervalo está a paz. Nesse intervalo está o amor. Nesse intervalo está tudo o que você sempre procurou e nunca encontrou. Nessa lacuna você não é mais um ego. Nessa lacuna você não está definido, confinado, aprisionado. Nessa lacuna você é vasto, imenso, enorme. Nessa lacuna você é um só com a existência; a barreira não existe. Suas fronteiras não estão mais lá. Você se funde na existência, e a existência se funde em você. Você começa a se sobrepor.

Se continuar observando e não se apegar nem a essas lacunas... porque é natural agora se apegar a essas lacunas. Se você começar a almejar essas lacunas... porque elas são tremendamente belas, imensamente bem-aventuradas. É natural se apegar a elas, e surge o desejo de ter cada vez mais lacunas... então você vai perder, seu observador desapareceu. Essas lacunas vão desaparecer de novo, e novamente o tráfego da mente estará lá.

Assim, a primeira coisa é se tornar um observador indiferente. A segunda é se lembrar, quando surgirem as belas lacunas, de não se apegar a elas; não comece a pedir por elas, não comece a esperar que apareçam com mais frequência. Se conseguir se lembrar dessas duas coisas – quando as belas lacunas vierem, observe-as também e mantenha sua indiferença viva –, então algum dia o tráfego simplesmente desaparece com a estrada; os dois desaparecem. E há um vazio tremendo.

É o que Buda chama de *nirvana*: a mente cessou. É o que chamo de suicídio – mas a mente não se suicidou. A mente não pode se suicidar. Você pode ajudar a acontecer. Pode atrapalhar, pode ajudar – depende de você, não da sua mente. Tudo o que a mente fizer sempre fortalecerá a mente.

Assim, na verdade a meditação não é um esforço da mente. A meditação real não é nenhum esforço. A meditação real é só permitir que a mente faça o que quiser sem que você interfira; é só ficar atento, testemunhando. Aos poucos ela silencia, fica parada. Um dia, vai-se. Você fica sozinho.

Essa solidão é sua realidade. E nessa solidão nada é excluído, lembre-se. Nessa solidão, tudo é incluído.

AS MEDITAÇÕES:
DESFRUTE DA MENTE E... PARE!

A primeira técnica de meditação vem de uma sugestão de Osho a um homem que fez a seguinte queixa: "Não aguento mais minha mente. Sinto que nunca estou aqui e nunca vejo nada. Tento de tudo: tento meditar, tento estar atento, mas em geral não sinto." Osho respondeu ressaltando que, de certo modo, essa pessoa está tentando ir contra sua natureza: é uma "pessoa da mente", e não uma "pessoa do coração", e, se tentar mudar a si mesmo, só vai sofrer mais. Então, ele dá uma alternativa.

Técnica 1. Desfrute da mente

Não tente interromper seu pensamento. Ele é uma parte da sua natureza; você vai enlouquecer se tentar pará-lo. Seria como uma árvore tentando parar as folhas; a árvore enlouqueceria.

Mas só deixar os pensamentos fluírem ainda não é o suficiente; o segundo passo é desfrutar do pensamento, brincar com ele! Ao brincar com ele, desfrutar dele e recebê-lo bem, você começará a ficar mais alerta em relação a ele, mais consciente dele, sem nenhum esforço, de maneira muito indireta. Quando você tenta ficar consciente, a mente o distrai e você se zanga com ela – e, mais uma vez, começam o conflito e o atrito que a fortalecem.

Assim, esse método tem como objetivo começar a desfrutar do processo do pensamento. Só veja as nuances dos pensamentos, as viradas que dão, como uma coisa leva à outra, como um se engancha no outro. É um verdadeiro milagre a se observar! Basta um pequeno pensamento para levá-lo em uma longa viagem. Um cachorro começa a latir e seu processo de pensamento é despertado. O cachorro é esquecido; você se lembra de um amigo que tinha um lindo cão. Agora você já foi! Então o amigo é esquecido; você se lembra da mulher do amigo, que era bonita, e lá vai você, e então outra mulher... Onde você vai parar, ninguém sabe; e tudo começou com um cachorro latindo!

Desfrute. Que seja um jogo; jogue-o deliberadamente e ficará surpreso; às vezes, só por desfrutar você encontrará belas pausas. De repente você descobre que, por exemplo, o cachorro está latindo e nada surge em sua mente, nenhuma cadeia de pensamentos se inicia. O cachorro continua latindo e você continua escutando, e nenhum pensamento surge. Pequenas lacunas vão surgir... elas vêm por conta própria e, quando vêm, são belas. Nessas pequenas lacunas, você começará a observar o observador... e isso será natural. Novamente, os pensamentos vão começar, e você desfrutará deles. Vá com calma, vá tranquilo.

Agora, vamos à segunda técnica.

Técnica 2. PARE!

Agora, por um instante: se já não estiver em pé, levante-se e... PARE!

Pare completamente, nenhum movimento – e só fique presente no que estiver acontecendo. Tome consciência dos sons e das imagens que o cercam, dos sentimentos que podem estar surgindo em você. Bastam alguns segundos, não há necessidade de se forçar a ficar imóvel; só o tempo suficiente para se trazer para o momento presente.

Muito bem; isso lhe deu uma ideia do exercício PARE de Osho! Eis o seu dever de casa para o segmento de hoje: sugerimos que você faça este exercício PARE! pelo menos mais cinco vezes antes de retomar o curso amanhã. Não planeje nem marque hora; simplesmente, sempre que se lembrar – lavando a louça, andando na rua, calçando o sapato, qualquer pequena atividade cotidiana –, PARE!

E mais: sempre que se lembrar, desfrute da observação da mente.

Citação do dia

Esta é a única distinção entre o sonho e o real: a realidade nos permite duvidar e o sonho não nos permite duvidar... Para mim, a capacidade de duvidar é uma das maiores bênçãos da humanidade.

– Osho

ANOTAÇÕES

DIA 7 OBSERVAR A MENTE

DIA 8

É preciso inteligência para ser feliz

Em geral, temos interesse pela meditação porque buscamos alguma paz ou aquele estado fugidio de bem-estar chamado felicidade – qualidades que sempre parecem ficar atrás do estresse, da preocupação, da pressa ou só da "rotina diária". No fundo, todo mundo quer ser feliz, e, por sorte, nossa inteligência interna continuará a procurar a felicidade porque sente que ela faz parte de um direito inato nosso.

Em resposta à pergunta "Por que é tão difícil ser feliz?", Osho falou de "felicidade" e "sofrimento" e virou de ponta-cabeça o senso comum sobre esses opostos aparentes. Como costumava acontecer, ele abordou o assunto de um ponto de vista inesperado.

A meditação que se segue às suas ideias é uma técnica simples que dará apoio à sua qualidade inata e natural de felicidade enquanto você vive seu dia.

IDEIAS DE OSHO

Por que é tão difícil ser feliz?

O sofrimento tem muito a nos oferecer que a felicidade não pode dar. Ao contrário, a felicidade nos tira muitas coisas. Na verdade, a felicidade nos tira tudo o que já tivemos, tudo o que já fomos; a felicidade nos destrói. O sofrimento alimenta o ego, e a felicidade é um estado de falta de ego. Este é o problema, o próprio xis da questão. É por isso que as pessoas acham dificílimo ser feliz.

Quando isso é compreendido, tudo fica claro. O sofrimento nos torna especiais. A felicidade é um fenômeno universal, não há nada de especial nela. As árvores são felizes, os animais são felizes, os passarinhos são felizes. Toda a existência é feliz, menos o homem. Por ser sofrido, o homem se torna especial, extraordinário.

Quando você adoece, se deprime, sofre, os amigos vão visitá-lo, confortá-lo, consolá-lo. Quando está feliz, os mesmos amigos têm inveja de você. Quando ficar muito feliz, você vai descobrir que o mundo inteiro se virou contra você. Ninguém gosta de pessoas felizes, porque pessoas felizes ferem o ego dos outros. Os outros começam a sentir: "Então você ficou feliz e nós ainda rastejamos nas trevas, no sofrimento, no inferno. Como ousa ser feliz quando todos nós sofremos tanto?"

Olhe seu sofrimento e descobrirá que nele há alguns elementos fundamentais. Primeiro: ele lhe traz respeito. As pessoas se sentem mais amistosas com você, mais empáticas. Você terá mais amigos se sofrer. Esse mundo é estranhíssimo, há algo muito errado nele. Não deveria ser assim; a pessoa feliz deveria ter mais amigos. Mas fique feliz e os outros terão inveja de você; não serão mais amigáveis. Vão se sentir traídos; você tem algo que não está ao alcance deles; por que você está feliz? Então, aprendemos com o passar das eras um mecanismo sutil: reprimir a felicidade e exprimir sofrimento.

É preciso aprender a ser feliz, é preciso aprender a respeitar pessoas felizes e é preciso aprender a dar mais atenção às pessoas felizes, lembre-se. Esse é um grande serviço à humanidade. Não demonstre empatia demais por quem sofre. Se alguém estiver sofrendo, ajude, mas não demonstre empatia. Não lhe dê a ideia de que o sofrimento é algo que valha a pena.

Temos que aprender uma linguagem totalmente nova. Só então essa humanidade velha e podre pode mudar. Temos que aprender a linguagem da saúde, da integridade, da felicidade. Vai ser difícil, porque nossos investimentos são grandes.

É por isso que é tão difícil ser feliz e tão fácil sofrer. Mais uma coisa: o sofrimento não precisa de talento, qualquer um consegue. A felicidade precisa de talento, gênio, criatividade. Apenas pessoas criativas são felizes.

Deixe isso se aprofundar em seu coração: apenas pessoas criativas são felizes. A felicidade é um subproduto da criatividade. Crie algo e será feliz. Escreva um poema, cante uma música, dance e veja: você começa a ficar feliz.

É preciso inteligência para ser feliz. A pessoa inteligente é rebelde. Inteligência é rebelião; sem inteligência, não pode haver felicidade. O homem só consegue ser feliz se for inteligente, absolutamente inteligente.

A meditação é um mecanismo para liberar sua inteligência. Quanto mais meditativo se tornar, mais inteligente você ficará. Mas lembre-se: quando falo em inteligência não quero dizer intelectualidade. A intelectualidade faz parte da estupidez. A inteligência é um fenômeno totalmente diferente, não tem nada a ver com a cabeça. A inteligência é algo que vem de seu próprio centro. Ela brota em você, e, com ela, muitas coisas começam a crescer dentro de você. Você fica feliz, fica criativo, fica rebelde, fica arrojado, começa a amar a insegurança. Começa a se mover para o desconhecido. Começa a viver perigosamente, porque essa é a única maneira de viver... Decide que "Levarei minha vida com inteligência", que "não serei apenas um imitador", que "viverei dentro de meu próprio ser, não serei dirigido nem comandado de fora", que "arriscarei tudo para ser eu mesmo, mas não farei parte da psicologia da multidão", que "andarei sozinho", que "encontrarei meu próprio caminho", que "farei meu próprio caminho no mundo da verdade". Simplesmente por andar até o desconhecido você cria o caminho. O caminho não está lá; só ao andar, você o cria.

A inteligência lhe dá coragem de estar sozinho e lhe dá visão para ser criativo. Surge uma grande ânsia, uma grande fome de ser criativo. E só então, como consequência, você pode ser feliz, você pode ser bem-aventurado.

A MEDITAÇÃO:
SORRISO INTERNO

A meditação de hoje é uma prática que reforça nossa capacidade de entrar em um estado de falta de ego simples e comum – uma parte da "linguagem de saúde, integridade, felicidade" que Osho mencionou anteriormente.

Você pode fazer essa meditação por alguns minutos sempre que tiver tempo e estiver sentado em algum lugar sem nenhuma tarefa específica a cumprir. Pode praticá-la no metrô, em casa, na hora do almoço no trabalho, enquanto observa seu filho pequeno brincar na pracinha, a qualquer momento em que esteja ocioso. No começo, enquanto aprende, é bom fazer com os olhos fechados. Mais tarde, você conseguirá fazê-la também com os olhos abertos – e então ninguém à sua volta vai notar que você está praticando uma técnica de meditação ali sentado.

A técnica

PRIMEIRO PASSO: Sempre que não tiver nada específico para fazer, sente-se e relaxe a mandíbula. Deixe a boca se abrir um pouquinho. Comece a respirar pela boca, mas não profundamente. Deixe o corpo respirar, de modo que a respiração fique cada vez mais superficial. E, quando sentir que a respiração ficou muito superficial e sua boca estiver aberta, com a mandíbula relaxada, todo seu corpo se sentirá muito relaxado.

SEGUNDO PASSO: Agora, comece a sentir um sorriso – não no rosto, mas no corpo inteiro. Não é um sorriso que venha aos lábios; é um sorriso existencial que só se espalha por dentro.

Experimente e você saberá o que é, porque não pode ser explicado. Não há necessidade de sorrir com os lábios, no rosto, mas é como se você sorrisse com a barriga; a barriga está sorrindo. E é um sorriso, não uma risada, portanto é suavíssimo, delicado, frágil... como um pequeno botão de rosa que se abre na barriga, e a fragrância se espalha pelo corpo inteiro.

TERCEIRO PASSO: Depois de saber o que é esse sorriso, você pode permanecer feliz por 24 horas. E, sempre que sentir que está perdendo a felicidade, feche os olhos por alguns momentos e recupere o sorriso; e ela estará lá. Durante o dia, quantas vezes quiser, você pode recuperá-la. Ela está sempre lá.

Citação do dia

Meditação é fogo: queima seus pensamentos, seus desejos, suas lembranças; queima o passado e o futuro. Queima a mente e o ego. Leva embora tudo o que você pensa que é. É uma morte e um renascimento, uma crucificação e uma ressurreição. Você nasce outra vez. Perde totalmente sua velha identidade e atinge uma nova visão da vida.

— OSHO

ANOTAÇÕES

DIA 8 É PRECISO INTELIGÊNCIA PARA SER FELIZ

DIA 9

Integração de corpo, mente e alma

Além de seus muitos livros, todos transcrições dos seus discursos, Osho é conhecido pelas revolucionárias "meditações ativas". Sentar-se em silêncio pode ser muito difícil para quem vive em ambientes que fazem exigências complexas ao seu tempo, que lidam com muitas situações e pessoas diferentes durante o dia, como a maioria de nós. Para podermos passar um "tempo de qualidade" conosco, primeiro precisamos nos livrar das tensões acumuladas na mente e no corpo; senão, o acúmulo de pensamentos, preocupações e tensões clamará por nossa atenção assim que tentarmos nos sentar.

Felizmente, segundo Osho, correr, nadar e dançar podem ser portais para a meditação. Quando iniciamos essas atividades com atenção e as praticamos por completo, elas trazem naturalmente a unidade de corpo, mente e consciência. E é isso que, na verdade, é a meditação.

Depois de uma apresentação de Osho sobre a importância de reunir as energias de corpo, mente e espírito, a técnica de meditação de hoje pode lhe dar um gostinho de como isso acontece.

IDEIAS DE OSHO

A física moderna fez uma das maiores descobertas da história: matéria é energia. Essa foi a maior contribuição de Albert Einstein à humanidade.

Existência é energia. A ciência descobriu que o observado também é energia, o objeto é energia. Há cerca de 5 mil anos, já era sabido que a outra polaridade – o sujeito, o observador, a consciência – é energia. Seu corpo é energia, sua mente é energia, sua alma é energia.

Quando todas essas três energias funcionam em harmonia, você fica saudável e íntegro. Quando essas energias não funcionam em acordo e harmonia, você fica doente, sem saúde, não é mais íntegro. O esforço que fazemos aqui é para ajudá-lo, para que seu corpo, sua mente, sua consciência possam dançar em um só ritmo, em conjunto, em profunda harmonia – não em conflito, de jeito nenhum, mas em cooperação.

As pessoas estão vivendo no caos; seu corpo diz uma coisa, seu corpo quer ir numa direção; sua mente está completamente esquecida do corpo, porque durante séculos lhe ensinaram que você não é o corpo, durante séculos lhe disseram que o corpo é seu inimigo, que você tem que lutar contra ele, tem que destruí-lo, que o corpo é pecado. Você não vivencia o corpo em uma dança rítmica consigo mesmo.

Daí minha insistência na dança e na música, porque só na dança você sentirá que seu corpo, sua mente e você estão funcionando juntos. E a alegria é infinita quando todos eles funcionam juntos; a riqueza é grande.

Você tem que aprender a aproveitar essas três energias para que todas se tornem uma orquestra.

Acontece muitas vezes com corredores... Você não pensaria na corrida como meditação, mas às vezes os corredores tiveram uma tremenda experiência de meditação. E ficaram surpresos, porque não procuravam por isso, mas aconteceu, e agora correr está se tornando, cada vez mais, um novo tipo de meditação. Pode acontecer na corrida. Se você já correu, se já desfrutou de correr de manhã cedinho, quando o ar é fresco e jovem e o mundo inteiro está voltando do sono, despertando, e você estava correndo, e seu corpo funcionava lindamente, e o ar fresco, e o novo mundo renascido da escuridão da noite, e tudo cantando em torno, e você se sentindo tão vivo... Chega um momento em que o corredor desaparece, em que só há a corrida. O corpo, a mente e a alma começam a funcionar juntos; de repente, um orgasmo interno é liberado.

Minha observação pessoal é que o corredor pode chegar mais perto da meditação com mais facilidade do que os outros. Correr ou nadar pode ser de imensa ajuda. Todas essas coisas têm que ser transformadas em meditações.

Abandone ideias antigas sobre meditação, do tipo que só se sentar embaixo de uma árvore em uma postura de ioga é meditação. Esse é apenas um dos caminhos, e pode ser adequado para alguns, mas não para todos. Para uma criança pequena, ficar nessa posição não é meditação, é tortura. Para um rapaz vivo e vibrante, é repressão. Talvez para um velho que já viveu, cuja energia esteja declinando, seja meditação.

As pessoas são diferentes, há muitos tipos de gente.

Correr pode ser uma meditação – dançar, nadar, qualquer coisa pode ser uma meditação. Minha definição de meditação é: sempre que seu corpo, sua mente e sua alma funcionam juntos com ritmo, é meditação. E, se você estiver atento ao que está fazendo como meditação – não para participar das Olimpíadas, mas fazendo como meditação –, então é tremendamente belo.

Meu esforço é tornar a meditação disponível a todo mundo; para quem quiser meditar, a meditação deve ser disponibilizada de acordo com seu tipo. Se ele precisar de repouso, o repouso deveria ser sua meditação. Então "sentar-se em silêncio sem fazer nada, e a primavera chega e o capim cresce por conta própria" será sua meditação. Temos que achar tantas dimensões da meditação quanto há gente no mundo. E o padrão não tem que ser muito rígido, porque não existem dois indivíduos iguais. O padrão precisa ser muito fluido, para que se encaixe no indivíduo. No passado, a prática era que o indivíduo tinha que se encaixar no padrão.

Trago uma revolução. O indivíduo não tem que se encaixar no padrão, o padrão é que tem que se encaixar no indivíduo. Meu respeito pelo indivíduo é absoluto.

Mas o fundamento básico é que, seja qual for a meditação, ela tem que atender a esta exigência: corpo, mente e consciência devem funcionar em unidade.

A MEDITAÇÃO:
IMAGINE A CORRIDA

Se as atividades de correr, nadar ou pedalar já fizerem parte da sua vida, algo que você faz regularmente para "arejar a cabeça" e recarregar as baterias, talvez o que Osho acabou de dizer tenha lhe soado familiar. Você já tem a chave na mão; agora seu trabalho é usá-la com mais intenção e maior consciência.

Mesmo que sua forma de exercício físico seja ir à academia

e andar na esteira, dê uma olhada no jeito como aborda isso e pense em transformar em meditação. Desligue a tela da TV da esteira, deixe o livro dentro da sacola. Se ouve música, ponha uma trilha sonora que seja puramente energética e sustentadora de sua atividade física, sem provocar a mente e as emoções. Se sua academia impõe uma trilha sonora a todos, use um protetor de ouvidos. Tudo o que puder fazer para direcionar sua atenção e energia para a atividade física ajudará a levá-lo ao espaço a que Osho se refere.

Agora, vamos à técnica específica de hoje, que talvez o surpreenda.

A técnica

Se, por alguma razão, você não pode correr, não tem tempo nem lugar, talvez não esteja se sentindo bem, o tempo está horrível ou você se machucou, experimente o seguinte: deite-se na cama e imagine que está correndo. Só imagine a cena toda: as árvores, o vento acariciando seu rosto, o sol, a praia, a maresia, tudo; visualize e torne o cenário mais colorido possível.

Talvez você tenha a lembrança de uma linda manhã do passado, correndo na praia, na floresta. Imagine-se correndo, correndo... Logo descobrirá que sua respiração está mudando e você continua correndo, pode continuar quilômetros sem fim...

E vai se surpreender porque, mesmo fazendo isso na cama, você pode atingir momentos em que, de repente, a meditação, o silêncio, a paz interior estão aí.

Então, depois de uns 15, 20 minutos, talvez, deixe a corrida acabar e fique parado. Inspire fundo e descanse um pouco; observe-se por dentro e por fora.

Citação do dia

Aprenda a arte de celebrar a si mesmo – sem nenhuma razão, sem nenhuma causa. Apenas ser já é mais do que suficiente. Fazer parte do todo é uma metamorfose tão grande que você não consegue resistir; é preciso dançar, é preciso cantar, é preciso exprimir sua alegria, sua bem-aventurança.

– OSHO

ANOTAÇÕES

DIA 9 INTEGRAÇÃO DE CORPO, MENTE E ALMA

DIA 10

Desacelerar

A tecnologia deveria tornar a vida mais fácil, mas, para muita gente, a realidade é que a vida hoje é mais movimentada do que nunca: estamos de plantão 24 horas, olhando mensagens, e-mails, blogs, postagens nas mídias sociais e notícias da manhã à noite.

Em comparação com as pessoas que viviam na época de Buda ou mesmo 100 anos atrás, a vida é um turbilhão constante de atividade e estímulo sensorial. Estamos correndo o tempo todo.

O programa de meditação de hoje é sobre reaprender a arte de desacelerar.

Ao explicar como a meditação pode ser de grande auxílio para desacelerar, Osho examinou o que nos ensinaram sobre a importância de estabelecer metas, de se ocupar, e o medo de sermos chamados de "preguiçosos" ou sem ambição. Em última análise, se conseguirmos ver essas atitudes internalizadas como realmente são, podemos começar a compreender que cada momento vivido totalmente no presente é o lugar onde deveríamos estar.

A meditação de hoje, chamada "Cerque-se de um clima de alegria", é um experimento sobre a criação do próprio espaço, um centro de alegria que permanece relaxado mesmo no meio do ciclone do mundo exterior.

IDEIAS DE OSHO

Como desacelerar?

A vida não vai a lugar algum; não tem meta nem destino. A vida não tem propósito, ela simplesmente é. A menos que esse entendimento penetre em seu coração, você não conseguirá desacelerar.

Desacelerar não é uma questão de "como"; não é uma questão de técnica, de método.

Reduzimos tudo a um "como". Há um grande "comismo" no mundo, e todas as pessoas, principalmente a mente moderna contemporânea, se tornaram comistas: como fazer isso, como fazer aquilo, como enriquecer, como ter sucesso, como influenciar pessoas e fazer amigos, como meditar e até como amar. Não está longe o dia em que algum sujeito estúpido perguntará como respirar.

A questão não é mesmo o *como*. Não reduza a vida à tecnologia. Reduzida a tecnologia, a vida perde todo o sabor de alegria.

Encontrei um livro cujo título é hilário. O título é *Você tem que relaxar*. Tente relaxar e você verá que se sente mais tenso do que nunca. Tente com mais afinco e se sentirá cada vez mais tenso.

O relaxamento não é uma consequência, não é o resultado de alguma atividade; é o brilho do entendimento.

Viva o momento pela pura alegria de vivê-lo. Então, cada momento terá a qualidade de um orgasmo. Sim, é orgásmico. Você está aqui para gozar a vida em sua totalidade. E a única maneira de viver, amar, desfrutar é esquecer o futuro. Ele não existe.

A vida é uma peregrinação a lugar nenhum: de nenhum lugar a lugar nenhum. E entre esses dois nenhures está o aqui e agora. *Nowhere*, nenhures ou lugar nenhum, em inglês, consiste em duas palavras: *now*, agora, e *here*, aqui. E entre esses dois nenhures fica o aqui e agora.

A questão não é seguir determinada técnica para desacelerar, porque, se sua abordagem básica da vida continuar a mesma, orientada a metas, você pode tentar desacelerar, e pode até conseguir, mas agora você iniciou uma nova tensão em sua vida. Tem que ficar constantemente em guarda para permanecer lento; tem que se segurar o tempo todo para permanecer lento.

Como desacelerar? Se desacelerar, você será um fracasso; se desacelerar, nunca conseguirá ter sucesso. Se desacelerar, você estará perdido! Se desacelerar, será anônimo, não conseguirá deixar sua marca no mundo. Quem você será se desacelerar? Ninguém mais está desacelerando.

É quase como se você estivesse numa corrida olímpica e me perguntasse: "Como desacelerar?" Se desacelerar, você vai largar a corrida! Não estará mais na corrida olímpica. E a vida inteira se transformou em uma corrida olímpica. Todo mundo está competindo e todo mundo tem que correr rumo ao ótimo, porque é uma questão de vida ou morte. Milhões de inimigos... Vivemos num mundo onde todos são inimigos. Não importa com quem você esteja competindo, os outros são inimigos.

A meditação não é algo que possa crescer em qualquer solo. Ela precisa de um entendimento básico; a mudança tem que ser muito fundamental. Precisa de solo novo para crescer; precisa de uma nova gestalt.

O meditador desacelera naturalmente, sem qualquer esforço. Ele não treina para isso. As coisas treinadas nunca são verdadeiras, são artificiais, arbitrárias. Evite as coisas treinadas – na melhor das hipóteses, são encenações, não são verdadeiras. E só a verdade liberta.

Este é o único momento que existe; esta é a única realidade que existe; esta é a única realidade que sempre existiu e sempre existirá.

Mude sua filosofia básica, que agora é a do realizador. Relaxe dentro de seu ser. Não tenha nenhum ideal, não tente fazer algo fora de si. Você é perfeito como é. Com todas as imperfeições, você é perfeito. Se for imperfeito, você é perfeitamente imperfeito. Mas a perfeição está aí.

A MEDITAÇÃO:
CERQUE-SE DE UM CLIMA DE ALEGRIA

Se este método for adequado para você, pratique alguns minutos por noite em um período de três semanas e o leve frouxamente consigo durante o dia. Mais tarde, você pode abandonar a prática noturna e, aos poucos, o método se dissolverá quando as lições se integrarem à sua vida.

A técnica

PRIMEIRA SEMANA: Deitado ou sentado na cama, apague a luz e fique no escuro. Lembre-se de algum momento belo que tenha vivido no passado; escolha seu favorito. Pode ser muito comum, porque às vezes coisas extraordinárias acontecem em situações bem ordinárias – sentado imóvel, sem fazer nada, a chuva caindo no telhado, o cheiro, o som... Você está cercado e de repente acontece um clique: você está em um momento sagrado. Ou um dia caminhando pela rua, de repente a luz do sol cai sobre você vinda de trás das árvores... E então, clique: algo se abre; por um momento, você é transportado para outro mundo.

Feche os olhos e reviva esse momento. Entre nos detalhes: os sons, os cheiros, a própria textura do momento... Um passarinho canta, um cachorro late, o vento sopra, os sons. Entre em todas as experiências, de todos os lados; multidimensional, de todos os sentidos. Depois de escolher seu momento belo, continue a meditação durante sete noites.

Você descobrirá que a cada noite entrará em detalhes mais profundos, coisas que você pode ter deixado de perceber no momento real, mas que sua mente registrou. Talvez sinta nuances sutis que não tinha consciência de ter vivenciado. Talvez venha a reconhecer que estavam lá, mas que não as percebera naquele momento. A mente registra tudo; ela é uma criada muito confiável, tremendamente capaz.

No sétimo dia, você será capaz de ver seu belo momento com tanta clareza que sentirá nunca ter visto nenhum momento tão claramente quanto esse.

SEGUNDA SEMANA: Continue como antes e acrescente uma coisa: sinta o espaço daquele momento em torno de você, sinta que o clima o cerca por todos os lados, até 1 metro à sua volta. Sinta a aura daquele momento cercando você. No 14º dia, talvez você consiga estar em um mundo totalmente diferente, ainda consciente de que, além daquele metro, um tempo e uma dimensão diferentes estão presentes.

TERCEIRA SEMANA: Acrescente outra coisa: viva o momento, esteja cercado por ele, e agora crie um antiespaço imaginário. Por exemplo, você está se sentindo muito bem; até 1 metro, você está cercado por essa bondade, esse espaço alegre. Agora pense na seguinte situação: alguém o insulta, mas o insulto só chega ao limite do espaço. Há uma cerca, e o insulto não consegue entrar em você. Ele vem como uma flecha... e cai lá. Ou recorde algum momento triste: você está magoado, mas essa mágoa vem até a parede de vidro que o cerca e cai lá. Nunca atinge você.

Se as duas primeiras semanas correram adequadamente, na terceira semana você será capaz de ver que tudo se detém naquele limite de 1 metro e nada penetra em você.

QUARTA SEMANA E DEPOIS: Mantenha essa aura com você: indo ao mercado, conversando com os outros. Mantenha-a na mente o tempo todo. E você vai se empolgar: andará pelo mundo tendo seu mundo próprio, um mundo particular o tempo todo consigo, que vai torná-lo capaz de viver o presente – calmo, tranquilo, centrado.

Leve essa aura por alguns dias, alguns meses. Quando vir que ela não é mais necessária, você pode largá-la. Quando souber estar vivendo o aqui e agora, quando tiver desfrutado de sua beleza, de sua tremenda bem-aventurança, você pode largar essa aura.

Citação do dia

As mulheres podem esperar, e podem esperar infinitamente, sua paciência é infinita. Tem que ser assim, porque a criança tem que ser carregada durante nove meses. E olhe a mãe, a mulher que está prestes a ser mãe: ela fica mais bonita, adquire um tipo diferente de graça, uma aura a cerca. Agora está se abrindo, logo vai florescer.

— Osho

ANOTAÇÕES
DIA 10 DESACELERAR

DIA 11

Todo mundo é criativo

O programa de hoje questiona nossas ideias autolimitantes sobre criatividade. Vivemos em uma cultura que supõe que a pessoa precisa de um talento especial, um dom inigualável, o domínio de alguma técnica, para ser criativa. Osho questionava essa noção e insistia que a criatividade, em primeiro lugar, é uma abordagem da vida, um jeito de levar alegria ao que estivermos fazendo no momento, seja preparando uma refeição, limpando o piso, lavando a louça ou tendo uma conversa tranquila com um amigo.

A meditação de hoje se chama "Do palavrório

ao silêncio". Divertida, lúdica, energizante; pense nela como uma técnica para criar uma tela em branco para a arte de sua vida, um modo de esvaziar todas as ideias que lhe deram sobre o que significa ser criativo.

IDEIAS DE OSHO

A criatividade não tem a ver com nenhuma atividade específica, como pintar, escrever poesia, dançar, cantar. Não tem nada a ver com nada em particular.

Qualquer coisa pode ser criativa; você leva essa característica à atividade. A atividade em si não é criativa nem deixa de ser. É possível pintar de modo não criativo; cantar de modo não criativo. Você pode limpar o piso de forma criativa; pode cozinhar de forma criativa. A criatividade é a característica que você leva à atividade que estiver fazendo. É uma atitude, uma abordagem interna: o modo como você olha para as coisas.

Assim, eis a primeira coisa a ser lembrada: não confine a criatividade a nada específico. O homem é criativo, por isso o que quer que ele faça, mesmo no simples ato de andar, será possível ver que há criatividade. Ainda que ele se sente em silêncio e não faça nada, até mesmo o não fazer será um ato criativo. Buda sentado sob a Árvore de Bodhi sem fazer nada é o maior criador que o mundo já conheceu.

Assim que entender isso – que é você, a pessoa, que é criativa ou não –, o problema desaparece.

Nem todo mundo pode ser pintor, e não há necessidade disso. Se todo mundo fosse pintor, o mundo seria muito feio; seria difícil viver! Nem todo mundo pode ser dançarino, e não há necessidade disso. Mas todo mundo pode ser criativo.

Faça o que fizer, se fizer com alegria, se fizer com amor, se seu ato de fazer não tiver objetivo puramente financeiro, então será criativo. Se dentro de você houver algo brotando disso, se lhe der crescimento, então é espiritual, é criativo, é divino.

Ame o que você faz. Fique meditativo enquanto o faz – pouco importa o que você faça. Criatividade significa amar o que quer que você faça – desfrutar, celebrar isso como uma dádiva da existência. Talvez ninguém venha a saber o que você faz, então se você estiver buscando fama e achar que ser reconhecido significará que você é criativo – se ficar famoso como Picasso, então você é criativo –, você está enganado. Na verdade, nesse caso você não é nada criativo; é um político ambicioso. Se a fama acontecer, ótimo. Se não acontecer, ótimo também. Esse não deveria ser o foco de sua atenção. O que você deve priorizar é desfrutar do que quer que faça. É seu caso de amor.

Se for seu caso de amor, seu ato se torna criativo. Pequenas coisas se tornam grandes pelo toque do amor e do prazer.

Alguém diz: "Sempre acreditei que não era criativo." Isso foi ensinado a todo mundo. Pouquíssimas pessoas são tidas como criativas: alguns pintores, alguns poetas, um em um milhão. Isso é tolice. Todo ser humano é um criador nato. Observe as crianças e verá: todas as crianças são criativas. Aos poucos, destruímos sua criatividade. Aos poucos, impomos a elas crenças erradas. Aos poucos, as distraímos. Aos poucos, as deixamos cada vez mais econômicas, políticas e ambiciosas.

Quando a ambição entra, a criatividade desaparece, porque o homem ambicioso não pode ser criativo, porque o homem ambicioso não consegue amar nenhuma atividade por si só. Destruímos a criatividade. Ninguém nasce não criativo, mas 99% das pessoas se tornam não criativas.

No entanto, simplesmente jogar a responsabilidade na sociedade não vai ajudar. É preciso pegar a vida com as próprias mãos. É preciso abandonar condicionamentos errados.

É preciso abandonar autossugestões erradas e hipnóticas que lhe foram dadas na infância.

O homem criativo chega ao mundo, aumenta a beleza do mundo: uma música aqui, um quadro ali. Ele faz o mundo dançar melhor, desfrutar melhor, amar melhor, meditar melhor. Quando deixa o mundo, ele deixa um mundo melhor atrás de si. Talvez ninguém o conheça, talvez alguém o conheça; a questão não é esta. Mas ele deixa o mundo melhor, tremendamente realizado porque sua vida teve valor intrínseco.

Se puder sorrir com sinceridade, segurar a mão de alguém e sorrir, então esse é um ato criativo, um grande ato criativo. Basta abraçar alguém com seu coração e será criativo. Basta olhar alguém com olhos amorosos; apenas um olhar amoroso pode mudar o mundo inteiro de uma pessoa.

Você não está aqui por acidente, você está aqui com um propósito. Há valores por trás de você. O todo pretende fazer algo por meio de você.

A MEDITAÇÃO:
DO PALAVRÓRIO AO SILÊNCIO

A meditação de hoje é um dispositivo para deixar a mente mais pura e fresca; é uma das maneiras mais simples e científicas de limpar e refrescar a mente.

Osho afirmava:

Imagine dizer tudo o que você já quis dizer e não conseguiu por causa da civilização, da educação, da cultura, da sociedade. E então dizer isso em qualquer língua que você já ouviu, mas não estudou! Por exemplo, se ouviu mandarim, mas não sabe falar mandarim, diga em mandarim! Gritando, rindo, chorando e fazendo barulho, gesticulando. Simplesmente permita tudo o que lhe vier à mente, sem se incomodar com racionalidade, sensatez, significado, importância – apenas seguindo o que os passarinhos fazem.

Diga tudo o que estiver se movendo em sua mente, todo tipo de lixo – jogue fora. Faça isso totalmente, com grande entusiasmo.

A técnica

Você pode escolher qualquer hora e lugar em que tenha privacidade para fazer a meditação, e cada passo dura cinco minutos. Se o riso e o choro forem difíceis para você, experimente apenas o primeiro e o último. Em algum momento, o segundo e o terceiro passos podem surgir espontaneamente e tornar-se mais fáceis.

PRIMEIRO PASSO: Palavrório. Faça sons sem sentido e fale qualquer língua que não compreenda. É bom usar a estrutura e o som da linguagem humana, não só grunhir e rosnar e imitar ruídos animais, que têm um efeito diferente. Dito isso, você também tem total liberdade de gritar, berrar e exprimir seus sentimentos.

SEGUNDO PASSO: Ria. Ria sem motivo.

TERCEIRO PASSO: Grite e chore sem motivo, até não aguentar mais.

ÚLTIMO PASSO: Deite-se; fique imóvel e calado, como se estivesse morto. Só a respiração vem e vai.

Citação do dia

O ato criativo aumenta a beleza do mundo;
dá algo ao mundo, nunca lhe tira nada.

— Osho

ANOTAÇÕES
DIA 11 TODO MUNDO É CRIATIVO

DIA 12

Intuição: instrução vinda de dentro

A intuição surge no espaço entre a mente lógica e intelectual e o terreno mais abrangente do espírito. É pela lógica que a mente conhece a realidade; é pela intuição que o espírito vivencia a realidade. A discussão de Osho dessas questões é de uma lucidez maravilhosa, às vezes engraçada, e muito envolvente. Todas as pessoas têm capacidade natural de intuir, mas é comum que o condicionamento social e a educação formal trabalhem contra a intuição. As pessoas aprendem a ignorar seus instintos, palpites e pressentimentos, em vez de entendê-los e usá-los como base para o crescimento e o desenvolvimento pessoais; no processo, as próprias raízes da sabedoria inata que deveria florescer como intuição são corroídas. Aqui, Osho fala o que é a intuição e dá orientações para distinguir as noções intuitivas genuínas do "pensamento desejoso" que pode levar a escolhas equivocadas e consequências indesejadas.

A meditação que se segue é uma técnica para descobrir o espaço do que se costuma chamar de testemunha, que é de onde vem a intuição real.

IDEIAS DE OSHO

Há um fenômeno chamado intuição do qual quase nos tornamos inconscientes. Não sabemos que algo como a intuição existe.

A intuição é um fenômeno totalmente diferente da razão. A razão argumenta; usa um processo para chegar a uma conclusão. A intuição pula – é um salto quântico. Ela não conhece nenhum processo, simplesmente chega à conclusão.

Muitos matemáticos conseguiam solucionar qualquer problema sem entrar no processo. Seu funcionamento era intuitivo.

Os matemáticos sempre ficaram perplexos com esses estranhos fenômenos. Como a intuição funciona? Se um matemático fosse resolver o problema, levaria três horas, duas horas, uma hora. Até um computador levará pelo menos alguns minutos para encontrar a solução, mas as pessoas intuitivas não levam nem mesmo um segundo. Você fala e instantaneamente...

Assim, hoje, a intuição é um fato reconhecido na matemática. Quando a razão falha, só a intuição consegue trabalhar. E todos os grandes cientistas tomaram consciência disso: suas grandes descobertas não foram feitas pela razão, mas pela intuição.

Madame Curie trabalhou três anos em um problema e tentou resolvê-lo por muitos caminhos. Todos falharam. Certa noite, totalmente exausta, ela foi dormir e decidiu: "Agora chega. Desperdicei três anos. Parece uma busca inútil. Tenho que parar com isso." Este incidente é quase como Buda.

No meio da noite, ela se levantou da cama, foi até a mesa e escreveu a resposta. Depois, deitou-se de novo e dormiu. Pela manhã, ela nem se lembrava, mas a resposta estava ali na mesa. Não havia ninguém no quarto. Mesmo que houvesse, a resposta não seria possível. Ela trabalhara durante três anos, uma das maiores mentes de seu tempo. Mas não havia ninguém, e a resposta estava lá. Então ela olhou com mais atenção: era a letra dela! Aí, de repente, o sonho veio à tona. Ela lembrou que sonhara que estava sentada à mesa e escrevia alguma coisa. Então, pouco a pouco, ela se deu conta: chegara à conclusão por alguma outra porta que não era a da razão, e sim a da intuição.

Mas primeiro a razão teve que ficar exausta. A intuição só funciona quando a razão está exausta. A intuição não tem processo; simplesmente pula do problema para a conclusão. É um atalho. É um relâmpago.

Corrompemos a intuição. A intuição do homem é quase absolutamente corrompida. A intuição da mulher não é tão corrompida assim; é por isso que as mulheres têm algo chamado "pressentimento". O pressentimento é só um fragmento de intuição. Só que a mulher não consegue dizer como é que sabe. Não há como. É só um palpite, só uma sensação nas entranhas. Mas também é muito corrompido, por isso é só um relâmpago. Quando abandonar as ideias fixas – porque lhe ensinaram que a razão é a única porta para chegar a qualquer conclusão –, quando abandonar essa fixação na razão, a intuição começará a florescer. Aí não será só como um relâmpago, será uma fonte sempre disponível. Você pode fechar os olhos, ir até ela e sempre receberá dela a orientação correta.

É o que o pessoal do antigo Processo Fischer-Hoffman [hoje chamado Processo Hoffman, que propõe uma psicoterapia extremamente estruturada, intensiva e por períodos limitados] chama de guia, se o processo realmente começa. É algo dificílimo, porque aquelas cinco camadas têm, antes, que ser atravessadas. E não acho que muita gente seja capaz disso, mesmo os que estão na terapia mencionada. Mas a ideia é perfeitamente correta: se aquelas cinco camadas forem rompidas, surge em você algo que pode ser chamado de guia. Você sempre pode entrar em sua energia de intuição e sempre encontrará o conselho correto. No Oriente, é o que chamam de guru interno, o mestre interior. Depois que sua intuição começa a funcionar, você não precisa mais pedir conselhos a nenhum guru externo.

A intuição tem que estar afinada com a pessoa, totalmente afinada com ela. E, a partir dessa afinação, as soluções surgem do nada.

A MEDITAÇÃO:
ENCONTRAR A TESTEMUNHA

"Essa técnica", diz Osho em *O livro dos segredos*, "é um dos métodos mais profundos. Tente entender isso *com a atenção entre as sobrancelhas...* A fisiologia moderna, a investigação científica, diz que entre as sobrancelhas há uma glândula que é a parte mais misteriosa do corpo. Essa glândula, denominada glândula pineal, é o terceiro olho dos tibetanos; *shivanetra*: o olho de Shiva, do tantra. Entre os dois olhos existe um terceiro olho que não funciona. Está lá, pode funcionar a qualquer momento, mas não naturalmente. É preciso fazer algo para abri-lo. Ele não está cego; está simplesmente fechado. Esta técnica é para abrir o terceiro olho."

A técnica

Feche os olhos e concentre os dois olhos no ponto exato entre as sobrancelhas. É como se você olhasse com ambos os olhos. Dedique a isso sua atenção total.

Esse é um dos métodos mais simples para ficar atento. Não se pode ficar atento com tanta facilidade a nenhuma outra parte do corpo. Essa glândula absorve atenção mais do que tudo; se lhe der atenção, seus olhos ficam hipnotizados pelo terceiro olho. Ficam fixos; não conseguem se mover. Tentar ficar atento a qualquer outra parte do corpo será difícil. Esse terceiro olho atrai a atenção, força a atenção, é um ímã da atenção. Assim, tradições espirituais do mundo inteiro o usaram. É a maneira mais fácil de treinar a atenção, porque, além de você tentar ficar atento, a glândula em si o ajuda; ela é magnética.

Concentrado no terceiro olho, de repente você se torna uma testemunha. Por meio do terceiro olho, você pode ver os pensamentos atravessando sua mente como nuvens no céu ou como pessoas andando na rua.

Você está sentado à janela observando o céu ou as pessoas na rua; você não é identificado. Está afastado, é um observador no alto do morro. Se a raiva estiver lá, você pode olhá-la como um objeto. Agora você não sente que *você* está enraivecido. Você se sente cercado pela raiva – uma nuvem de raiva surgiu em volta –, mas você não é a raiva. E se você não é a raiva, ela se torna impotente, não pode afetá-lo; você permanece intocado. A raiva vem e vai, e você permanecerá centrado em si mesmo.

Isso funciona nos dois sentidos: torne-se uma testemunha e ficará centrado no terceiro olho... Tente ser uma testemunha. O que quer que esteja acontecendo, tente testemunhar. Se estiver doente, o corpo dolorido, se estiver sofrendo, o que for:

seja uma testemunha. Não importa o que estiver acontecendo, não se identifique com isso. Seja uma testemunha, um observador. Então, se testemunhar for possível, você estará concentrado no terceiro olho. O oposto também acontece: se estiver concentrado no terceiro olho, você se tornará uma testemunha. Essas duas coisas fazem parte de uma.

Citação do dia

Quando começa a levar a vida da verdade,
da autenticidade, do seu rosto original, todos
os problemas desaparecem aos poucos porque
seu conflito interno acaba e você não está
mais dividido. Sua voz então tem unidade,
todo o seu ser se torna uma orquestra.

– Osho

ANOTAÇÕES

DIA 12 INTUIÇÃO: INSTRUÇÃO VINDA DE DENTRO

DIA 13

Meditação e condicionamento

Hoje vamos explorar a questão do "condicionamento" e o papel que ele representa em nossa vida e em quem pensamos que somos. Osho sempre falava da importância de abandonar o passado. Com isso, ele não queria dizer abandonar a história factual do que foi vivido. Em vez disso, ele se referia às marcas que o passado deixa em nossa consciência – a programação, por assim dizer, a que todos somos submetidos. Essa programação começa quase a partir do momento em que nascemos. Vem de nossos pais, amigos, professores... da própria sociedade em que vivemos. Nossas ideias sobre bem e mal, próprio e impróprio, verdadeiro e falso, importante e desimportante, tudo faz parte de nosso condicionamento.

No discurso a seguir, Osho nos desafia a tomar consciência desse condicionamento, a entendê-lo e a começar a vê-lo em ação quando reagimos a situações e pessoas que nos cercam. Finalmente, a sermos capazes de nos libertarmos dele – de pararmos de ser o que Osho chama de "humanoides" programados pelo passado – e começarmos a jornada de descoberta da inocência e do silêncio com que nascemos, a que as pessoas zen chamam de "a face original".

IDEIAS DE OSHO

A coisa mais difícil na vida é largar o passado – porque largar o passado significa largar toda a identidade, toda a personalidade. É largar a si mesmo. Você não é nada senão seu passado, senão seu condicionamento. E o condicionamento foi muito fundo, porque você foi condicionado desde o princípio; no momento em que nasceu, o condicionamento começou. Quando você se tornou alerta, minimamente consciente, ele já tinha atingido o centro mais profundo de seu ser. A menos que você penetre pessoalmente nesse centro mais profundo que não foi condicionado, que existia antes que o condicionamento começasse, a menos que você se torne silencioso e inocente daquele jeito, você nunca saberá quem é.

A meditação pretende penetrar naquele centro, naquele centro mais íntimo. As pessoas zen chamam isso de conhecer a face original.

Esse condicionamento deve ser entendido antes. Por causa dele, você perdeu algo essencial, algo natural, algo espontâneo em você. Não é mais um ser humano, só se parece com um deles. Você se tornou um humanoide.

O humanoide é um ser incapaz de se conhecer, que não faz ideia de quem é. Todas as suas ideias sobre si são emprestadas; foram-lhe dadas por outros humanoides. O humanoide é incapaz de mobilizar suas intenções próprias; ele não tem mais capacidade de querer, de ser. É um fenômeno dependente; perdeu a liberdade. Em essência, essa é sua psicopatologia.

E hoje a humanidade como um todo é psicopatológica. As

pessoas que lhe parecem normais não têm nada de normais. Toda esta Terra se tornou um grande hospício. Mas, como a Terra inteira é um hospício, fica difícil de ver isso. Em toda parte, as pessoas são como você, e você pensa que é normal e que elas são normais.

É raríssimo que nasça uma pessoa normal neste mundo; este mundo não permite que o normal aconteça.

O humanoide é aquele que não consegue querer por si, que está sempre procurando autoridades, que sempre precisa que alguém lhe diga o que fazer.

Você nasceu para ver a verdade, você era capaz de vê-la. Toda criança é capaz de se comunicar com a existência, de querer... mas a atrapalhamos. Os pais não permitem que a criança queira. Depois vêm os professores, que são empregados pelos pais e pela sociedade. Estão a serviço do passado. Todo o sistema educacional serve ao passado, não serve a você; lembre-se disso. Da pré-escola à faculdade, todos os professores estão a serviço do passado; eles existem para manter o passado. Não existem por você, não para ajudar você; eles existem para condicionar você.

Depois vêm o sacerdote e os políticos, todos estão tentando condicionar você. Ninguém quer que você seja um homem livre, todo mundo quer que você seja escravo, pois quanto mais escravo for, mais facilmente será explorado. E, se seguir os líderes, os sacerdotes, os pedagogos, então lhe prometerão todo tipo de cenoura; lhe prometerão todo tipo de recompensa, agora e mais tarde também – e, assim, essa pessoa permanecerá um humanoide que precisa de tiranos, que busca tiranos pelo resto da vida.

Mas isso não pode lhe ser imposto. Você precisará de coragem suficiente para largar o condicionamento. Muita bravura será necessária.

Assim que começar a largar seus condicionamentos, você tomará consciência de suas asas. E essas asas podem levá-lo à realidade suprema: o voo do sozinho ao sozinho. Mas você só pode ir lá como um ser inocente – descondicionado, totalmente desidentificado com o passado.

Esse será o primeiro ato de liberdade de sua vida. E o primeiro passo é metade da jornada; a outra metade é facílima, vem por conta própria.

A MEDITAÇÃO:
JOGAR COISAS FORA

Sempre que sentir que a mente não está tranquila – que está tensa, preocupada, falante, ansiosa, sonhando constantemente –, faça uma só coisa: primeiro, solte o ar profundamente. Sempre comece soltando o ar. Expire o máximo que puder, pondo o ar todo para fora. Ao fazer isso, o estado de espírito também será jogado fora, porque respirar é tudo.

Expulse o ar ao máximo. Contraia a barriga e segure por alguns segundos; não inspire. Deixe o ar no lado de fora e não inspire por alguns segundos. Depois, permita que o corpo inspire. Inspire profundamente, o máximo que puder. Pare por alguns segundos. A pausa deve ser a mesma de quando expirou; se segurou o ar fora por três segundos, segure o ar dentro por três segundos. Ponha o ar para fora e segure por três segundos; inspire e segure por três segundos. Mas o ar deve ser completamente expulso. Exale totalmente, inspire totalmente, e crie um ritmo. Segure, inspire; segure, expire. Segure, inspire; segure, expire. Imediatamente, você sentirá a mudança chegar a todo seu ser. A tensão se foi; um novo clima entrou em você.

Citação do dia

A sociedade não consegue tolerar a individualidade porque a individualidade não seguirá como um carneirinho. O carneirinho está sempre na multidão porque se sente mais seguro e protegido. Só os leões se movem sozinhos – e todos vocês nasceram leões, mas a sociedade continua a condicioná-los, programando sua mente para serem carneiros.

— Osho

ANOTAÇÕES

DIA 13 MEDITAÇÃO E CONDICIONAMENTO

DIA 14

Como parar de julgar os outros

Hoje a fala de Osho nos ajuda a entender que é importante ver *por que* você julga e *como* você julga.

No momento presente, se estiver aí sem pensar, apenas encarando algo como um espelho, isso é testemunhar – uma consciência passiva na qual nenhum julgamento é possível porque o julgamento só pode existir em contraste com experiências e avaliações passadas. Ele brota das crenças, das ideologias e dos conceitos de alguém.

Pensar só é possível se o passado estiver aí, trazido ao presente. É um estado ativo em que você está *fazendo* alguma coisa.

Somos lembrados de que testemunhar, como consciência passiva, não é o mesmo que julgar. Você não vai julgar se "isto é bom e aquilo é mau" porque, assim que julgar, não estará mais testemunhando. Se disser "isto é bom" ou "aquilo é mau", você já deixou de ser testemunha e se tornou juiz.

Tenha em mente também que, além de cada palavra ser um julgamento, a própria linguagem é sobrecarregada de julgamentos e nunca será imparcial. No momento em que usamos uma palavra, julgamos e criamos uma barreira à mente aberta.

Na meditação de hoje, descobriremos como fazer os julgamentos sumirem com uma simples técnica de respiração!

IDEIAS DE OSHO

Como deixar de julgar os outros?

Não há necessidade de parar nem de deixar de julgar os outros; você tem que entender por que julga e como julga.

Só se pode julgar o comportamento, uma vez que só o comportamento está disponível. Não se pode julgar a pessoa, já que a pessoa está escondida, a pessoa é um mistério. Você pode julgar o ato, mas não pode julgar o ser.

E o ato é irrelevante. Não está certo julgar um ser pelo ato. Às vezes acontece que um homem esteja sorrindo. O ato está ali na superfície; bem no fundo esse homem pode estar triste. Na verdade, ele pode estar sorrindo porque está triste. Não quer mostrar a tristeza a ninguém; por que levar as próprias feridas a todos? Por quê? Isso parece constrangedor. Talvez esteja sorrindo só porque chora por dentro.

Assim, a primeira coisa a entender é que você só pode olhar o comportamento, e o comportamento não significa muita coisa. Tudo o que é realmente significativo é a pessoa que está atrás. E você não a conhece. Seu julgamento estará errado. E você sabe disso porque, quando os outros o julgam por seus atos, você sempre sente que o julgaram erradamente. Você não se julga por seus atos, você se julga por seu ser. Assim, todo mundo sente que todos os julgamentos são injustos. Você sente que os julgamentos são injustos porque, para você, seu ser está disponível – e o ser é um fenômeno muito grande, enquanto o ato é muito pequeno. Ele não define nada, pode ser só algo momentâneo.

Você disse algo a um homem e ele se zangou. Não o julgue pela zanga porque pode ser só um relâmpago momentâneo. Ele pode ser muito amoroso; se o julgar pela raiva, vai julgá-lo de modo equivocado. Então, seu comportamento vai depender de seu julgamento, e você sempre esperará que aquele homem fique com raiva, e sempre pensará que ele é raivoso. Você evitará esse homem. Terá perdido uma oportunidade! Nunca julgue ninguém por sua ação. Mas, se essa é a única coisa que lhe está disponível, então o que fazer? "Não julgueis."

Pouco a pouco, fique mais e mais consciente da privacidade do ser. Todo ser, dentro de sua alma, é tão privado que não há como penetrar nele. Mesmo quando amamos, algo no centro mais profundo permanece privado. Essa é a dignidade do homem. Isso é o que significa a afirmação de que o homem tem uma alma. A alma significa aquilo que nunca poderá se tornar público. Algo dela sempre permanecerá profundo, perdido em algum mistério.

Por fora, é o que podemos julgar. Por fora, sempre está errado.

Ao ver isso várias e várias vezes, entender isso várias e várias vezes, penetrar nisso várias e várias vezes, você não vai precisar largar os julgamentos; eles se largarão por conta própria.

Só observe. Sempre que julga, você faz algo tolo. Isso não se aplica de jeito nenhum à pessoa, somente ao ato. E o ato também é tirado do contexto uma vez que você não conhece a vida inteira da pessoa. É como se você arrancasse uma página de um romance, a lesse e julgasse o romance por ela. Não está certo; está fora do contexto. O romance inteiro pode ser algo totalmente diferente. Você pode ter pegado uma parte negativa, uma parte feia.

Você não conhece a vida de ninguém em sua totalidade. Um homem viveu 40 anos antes de você o conhecer; esses 40 anos de contexto estão lá. O homem vai viver mais 40 anos quando você o deixar. Esses 40 anos de contexto vão estar lá. E você viu o homem, só uma única instância dele, e o julgou; isto não está certo. Isto é pura burrice. Não terá nenhuma relevância para o homem em si.

Seu julgamento vai mostrar mais sobre você do que sobre o homem. "Não julgueis para não serdes julgados", foi o que Jesus disse. Seu julgamento mostra algo sobre você, nada sobre a pessoa julgada, porque a história dela continua indisponível para você, o ser dessa pessoa continua indisponível para você.

Todos os contextos se perdem, há apenas um relâmpago momentâneo – e sua interpretação será sua interpretação. Ela mostrará algo sobre você.

Ao ver isso, o ato de julgar desaparece.

A MEDITAÇÃO:
TRANSFORMAR JULGAMENTOS

Osho disse:

Sempre que quiser mudar um padrão da mente que se tornou um hábito antigo, mudar a respiração é a melhor providência. Todos os hábitos da mente estão associados ao padrão de respiração. Mude o padrão de respiração e a mente muda de imediato, instantaneamente. Experimente.

A técnica

Sempre que perceber que um julgamento está vindo e que você está recaindo em um velho hábito, solte o ar imediatamente, como se jogasse o julgamento para fora, com a expiração. Expire profundamente, puxando a barriga para dentro e, enquanto expulsa o ar, sinta, visualize, que o julgamento inteiro está sendo jogado fora.

Então, inspire ar fresco profundamente, duas ou três vezes, e veja o que acontece. Você sentirá um completo frescor; o velho hábito não conseguirá tomar posse.

Portanto, comece com a expiração, não com a inspiração; se quiser jogar algo fora, comece com a expiração e veja como a mente será afetada de imediato. Quando quiser absorver alguma coisa, comece inspirando.

Simplesmente faça isso e, na mesma hora, verá que a mente foi para outro lugar; uma nova brisa chegou. Você não está no velho caminho e não repetirá o velho hábito. Isso é verdadeiro com todos os hábitos. Por exemplo, se você fuma, quando vier a vontade de fumar e você não quiser ceder, expire profundamente no mesmo instante e jogue a vontade fora. Inspire ar novo e verá imediatamente que a vontade se foi. Esta pode se tornar uma ferramenta importantíssima para a mudança interna. Basta experimentar!

Citação do dia

Sempre que não houver conflito entre você e o todo, nem mesmo um rumor de conflito, você estará saudável. Estar íntegro é estar saudável. Estar íntegro é ser sagrado. E qual é a maneira de ser sagrado, saudável, íntegro? Seu coração tem que bater no mesmo ritmo do coração do todo. É uma grande dança cósmica. É uma grande harmonia.

— OSHO

ANOTAÇÕES

DIA 14 COMO PARAR DE JULGAR OS OUTROS

DIA 15

A arte de escutar

Hoje vivemos em um mundo onde a maioria de nós está sobrecarregada com uma cacofonia constante – ou seja, poluição sonora. Em geral, esses sons estão tão difundidos que não os notamos mais, seja o ruído do trânsito, seja a música enlatada do elevador.

Osho costumava falar de "escutar" em oposição a simplesmente "ouvir". Este último, ressaltava ele, é fisiológico e passivo, enquanto a verdadeira *escuta* exige presença e consciência.

A lição de hoje, sobre a arte de escutar, examinará esta dimensão auditiva da meditação. Osho falará sobre a arte de escutar, e a técnica de meditação que usaremos soará como um modo de ficar mais consciente.

IDEIAS DE OSHO

O objeto é irrelevante. Só a subjetividade é relevante. Quer esteja me escutando, quer esteja escutando um flautista ou os passarinhos pela manhã, quer esteja sentado ao lado da cachoeira escutando a água, a mesma experiência pode acontecer. Não acontece a partir do que você escuta, acontece porque você escuta. Somente escutar lhe dá o silêncio total; na escuta profunda, você desaparece. A arte completa consiste em como escutar.

Quando sabe como escutar com profunda receptividade e sensibilidade, você não está mais ali. O ouvinte não está ali, só a escuta. E, quando o ouvinte não está ali, não há ego; não há ninguém que escute, só a escuta. Então ela penetra no próprio âmago de seu ser.

Se me escutar com a mente, você vai fracassar. Se escutar a cachoeira sem a mente, você terá sucesso. A questão não é me escutar; a questão, em algum lugar, está ligada a você, ao ouvinte. O que estou dizendo é irrelevante; quem está dizendo é irrelevante. O ponto é: você está cercado por um profundo silêncio? Tornou-se não existente neste momento? Descobriu de repente que você não é, que você é um vazio profundo, pulsando de vida, cheio, mas vazio, um silêncio tremendo, sem uma ondinha de pensamento sequer? Só assim você atinge um plano em que a verdade pode penetrar.

Portanto, tente ser aquele que escuta. Ouvir apenas não basta. Você é capaz de ouvir; já escutar exigirá grande disciplina. É a maior disciplina que existe. Quando escuta, você já está libertado porque, de repente, nessa escuta você se encontra.

Isso parece um paradoxo. Você desaparece, digo, e nesse desaparecimento você se encontra. Você está vazio, e nesse vazio surge uma plenitude, um preenchimento. Não há nenhum pensamento ali. Então há entendimento. E o amor flui como a respiração: entra, sai, entra, sai. E você começa a dividir seu ser com a existência que o cerca. A parte não é mais parte separada; ela pulsa com o todo. Você se alinha ao todo, não está mais fora do compasso. Uma harmonia surgiu: a música celestial, a música das estrelas.

Então, de repente, você se abre. De todas as dimensões, Deus flui dentro de você. Mas a coisa toda é ser muito receptivo e silencioso.

Basta sentar-se e escutar a brisa que passa pelos pinheiros... o todo depende da escuta. A qualidade da escuta é a questão, não o que você escuta.

A MEDITAÇÃO:
ENCONTRE SEU CENTRO NO MEIO DO SOM

A meditação de hoje usa o som para se tornar mais consciente do lugar imóvel e silencioso dentro de você: seu centro.

Onde quer que esteja agora, você está cercado por sons. Você descobrirá que sempre há sons presentes. No local de trabalho, no caminho para o emprego, onde quer que esteja, você consegue ouvir sons... sons produzidos pela natureza, por seres humanos, por máquinas.

E, com o som, há algo muito especial; sempre que há sons, *você é o centro*. Todos os sons *chegam até você*, vindos de toda parte, de todas as direções. Onde quer que esteja, você estará sempre no centro do som.

A técnica

Feche os olhos... e sinta todo o Universo cheio de som.

Sinta como se cada som se deslocasse em sua direção e você fosse o centro.

O Universo é a circunferência, o exterior; e você, o centro, o interior; e tudo se move na sua direção, cai na sua direção, como no som contínuo da cachoeira.

Quando está sentado ao lado da cachoeira, você pode fechar os olhos e sentir o som à sua volta, caindo sobre você de todos os lados, criando um centro em você por todos os lados. Ou faça isso na feira – não há lugar melhor do que a feira, tão cheia de sons, de sons malucos.

Não comece a *pensar* em sons – aquilo de "esse é bom e esse é ruim, esse é incômodo e esse é muito bonito e harmonioso". Em vez disso, mantenha o contato com *o centro*. Não pense no som que se move em sua direção, seja ele bom, seja mau, seja belo.

Lembre-se apenas de que você é o centro e que todos os sons se movem em sua direção – todos os sons, sejam eles quais forem.

Relaxe e deixe tudo entrar em você. Você ficou mais relaxado, mais suave, mais aberto...

Agora mova-se com os sons e deixe sua atenção chegar ao centro onde você os ouve.

Se for capaz de sentir o centro onde todos os sons são ouvidos, haverá uma súbita transferência de consciência. Num momento você estará ouvindo o mundo inteiro cheio de sons e, no seguinte, sua consciência se ligará de repente, e você ouvirá a falta de som, o centro da vida.

Assim que ouvir a falta de som, mais nenhum som conseguirá incomodá-lo. Ele chega a você, mas nunca o alcança. Está sempre chegando a você, mas nunca o alcança.

Este é o ponto onde nenhum som entra.

Este ponto é você.

Depois de obter uma pequena noção desta técnica, você poderá usá-la sozinho sempre que quiser.

Citação do dia

Não há necessidade de criar catedrais e grandes templos; os que têm olhos acharão este vasto céu estrelado, esta linda terra, o maior dos templos. Toda esta existência é um lugar sagrado.

– Osho

ANOTAÇÕES
DIA 15 A ARTE DE ESCUTAR

DIA 16

Relaxamento pela consciência

Uma das palavras fundamentais da proposta de Osho é *entendimento*. Enquanto tentamos relaxar assistindo à TV, tomando um drinque ou viajando de férias, Osho, por via oposta, nos ajuda a entender, antes, como são criadas nossas tensões e ansiedades.

Por que não temos controle do nosso próprio corpo e da nossa própria mente e por que não conseguimos simplesmente relaxar sem todos os subterfúgios externos? Osho nos leva passo a passo pelo entendimento de que o relaxamento funciona de fora para dentro.

A meditação de hoje nos mostra de que modo podemos pôr de lado a necessidade de controle, um dos principais motores da tensão, e nos permitir "deixar pra lá".

IDEIAS DE OSHO

Você dirá mais alguma coisa sobre o relaxamento? Tenho consciência de uma tensão profunda bem no meu centro e acho provável que eu nunca tenha ficado totalmente relaxado.

O relaxamento total é algo supremo.

Você não pode ficar totalmente relaxado neste instante. No âmago mais interno, a tensão vai persistir.

Mas comece a relaxar. Comece pela circunferência – é onde estamos, e só podemos começar de onde estamos. Relaxe a circunferência de seu ser – relaxe seu corpo, relaxe seu comportamento, relaxe seus atos. Ande de um jeito relaxado, coma de um jeito relaxado, fale, escute de um jeito relaxado. Desacelere todos os processos. Não corra, não fique apressado. Mova-se como se toda a eternidade estivesse à sua disposição.

Na verdade, não há começo nem fim. Sempre estivemos aqui e sempre estaremos aqui. As formas continuam mudando, mas não a substância; as roupas vivem mudando, mas não a alma.

Tensão significa pressa, medo, dúvida. Tensão significa o esforço constante de proteger, de estar seguro, de ficar a salvo. Tensão significa preparar-se agora para o amanhã ou para a vida após a morte – com medo de que não será capaz de enfrentar a realidade amanhã, portanto, prepare-se. Tensão significa o passado que você não viveu, só deu um jeito de contornar; ele se demora, ele é uma ressaca, ele o cerca.

Lembre-se de algo muito fundamental sobre a vida: qualquer experiência não vivida ficará pendente em torno de você, vai persistir: "Termine-me! Viva-me! Complete-me!"

Você terá que relaxar a partir da circunferência. O primeiro passo do relaxamento é o corpo. Lembre-se, o maior número de vezes possível, de olhar, dentro do corpo, se você está carregando alguma tensão em algum lugar – no pescoço, na cabeça, nas pernas. Relaxe conscientemente. Feche os olhos, vá para essa parte do corpo e convença-a, diga-lhe amorosamente: "Relaxe."

E você ficará surpreso porque, se abordar qualquer parte de seu corpo amorosamente, ela escuta, ela o segue; o corpo é seu. De olhos fechados, vá para dentro do corpo, do dedo do pé à cabeça, procurando qualquer lugar onde haja tensão. Então, fale com essa parte do corpo como fala com um amigo; permita que haja um diálogo entre você e seu corpo. Diga-lhe para relaxar: "Não há medo. Não sinta medo. Estou aqui para tomar conta, você pode relaxar." Aos poucos, você aprenderá o jeito. Então o corpo fica relaxado.

Dê outro passo um pouco mais profundo; diga à mente para relaxar. E se o corpo escuta, a mente também escuta, mas você não pode começar pela mente; é preciso começar pelo princípio. Não se pode começar pelo meio. Muita gente começa com a mente e fracassa; fracassa porque começa pelo lugar errado. Tudo deveria ser feito na ordem certa.

Quando se tornar capaz de relaxar o corpo voluntariamente, você conseguirá ajudar a mente a relaxar voluntariamente. A mente é um fenômeno mais complexo. Depois de ter confiança de que o corpo o escuta, você terá uma nova confiança em si. Agora, até a mente pode lhe dar ouvidos. Com a mente levará um pouco mais de tempo, mas acontecerá.

Quando a mente estiver relaxada, comece a relaxar o coração, o mundo de seus sentimentos, de suas emoções – que é ainda mais complexo, mais sutil. Mas agora você estará se movendo com confiança, com grande autoconfiança. Agora você saberá que é possível. Se é possível com o corpo e com a mente, é possível com o coração também. E só então, quando tiver atravessado esses três passos, você poderá dar o quarto. Você poderá então ir para o centro mais íntimo do seu ser, que está além do corpo, da mente, do coração: o próprio centro de sua existência. E será capaz de relaxá-lo também.

E esse relaxamento, sem dúvida, traz a maior alegria possível, o supremo êxtase, a aceitação. Você estará cheio de júbilo e bem-aventurança. Sua vida terá em si a qualidade da dança.

A MEDITAÇÃO:
APRENDER A ARTE DE SE DESPRENDER

É melhor fazer esta meditação à noite.

A técnica

Deitado na cama, antes que o sono venha, comece a observar.

Com os olhos fechados, leve sua consciência para a sola dos pés e, lentamente, comece a examinar seu corpo em busca de tensões. Quando sentir tensão, pare e espere que o corpo e a respiração liberem essa tensão e deixe que ela parta.

Continue examinando o corpo, indo dos pés para as coxas, depois para as nádegas, deixando qualquer tensão partir.

Não se esqueça, ao chegar a um lugar de tensão, de ficar ali, com sua consciência, até sentir o corpo avançar para uma liberação.

Então, leve a consciência para a barriga e relaxe-a. Enquanto sobe para o peito e para os ombros, relaxe-os.

Agora, relaxe o pescoço. Depois, leve a consciência para os músculos do rosto e da mandíbula e relaxe.

Agora, leve a consciência para as mãos. As mãos estão ligadas à mente. Procure qualquer tensão nas palmas e nos dedos e, quando a tensão se soltar, a mente se soltará. Agora sinta o peso das mãos, o peso de cada dedo...

Quando o corpo está relaxado, a mente está relaxada. O corpo é apenas uma extensão da mente. Nesse entendimento da dinâmica corpo-mente está o segredo do relaxamento, de se desprender.

Citação do dia

Só recebemos um momento de cada vez. Portanto,
para viver corretamente, é preciso apenas saber
viver corretamente o momento. Não é preciso se
preocupar com a vida inteira. Se conseguir cuidar
do momento presente, você cuidou de toda a
sua vida; então, tudo se alinhará por si só.

– Osho

ANOTAÇÕES

DIA 16 RELAXAMENTO PELA CONSCIÊNCIA

DIA 17

Aceitar cada parte minha

O tema de hoje é o desserviço que nos prestamos quando julgamos nossos sentimentos, pensamentos e ações e nos fragmentamos em muitas partes – algumas desejáveis, outras "más" ou passíveis de aprimoramento.

Osho ressaltava que podemos aceitar e integrar todas essas partes: as boas e as ruins, as claras e as escuras, as elevadas e as vis.

Na meditação de hoje, nos ensinaremos a ver "o que é" de um jeito diferente e treinaremos olhando objetos externos com uma qualidade diferente e uma "totalidade" nunca vista.

IDEIAS DE OSHO

Pode me falar de aceitação, de como aprender a aceitar? Sinto uma parte minha que não quero aceitar. Gostaria de saber quem é essa parte minha que é tão burra. Há algum jeito de tornar essa parte minha mais clara para mim?

A primeira coisa é entender o que significa aceitação. Você diz: "Pode me falar de aceitação, de como aprender a aceitar? Sinto uma parte minha que não quero aceitar." Aceite essa parte também, do contrário, você não entendeu. Uma parte sua continua a rejeitar. Aceite essa parte que rejeita também, senão você não entendeu. Não tente rejeitar essa parte, aceite-a. Isso é que é aceitação total. Você também tem que aceitar a parte que rejeita.

Você diz: "Gostaria de saber quem é essa parte minha que é tão burra." No momento em que a chama de burra, você a rejeitou. Por que a chama de burra? Quem é você para chamá-la de burra? Essa parte é sua. Por que você se divide em dois? Você é um todo. Todos esses truques que aprendeu sobre divisão têm que ser abandonados. Você aprendeu a se dividir em parte divina e parte diabólica, parte boa e parte má, parte elevada e parte vil.

Abandone todas as divisões. Isto significa aceitação. Se você tem algo, você tem algo; por que chamá-lo de burro? Quem é você para chamá-lo de burro? Não, pelo próprio fato de chamá-lo de burro você o rejeitou, você o condenou.

Aceitação é não condenar e, seja o que for, você aceita. De repente, vem uma transformação em seu ser. Não a chame de burra, não a xingue e não se divida, porque é assim que o ego existe. É o ego que diz que a outra parte é burra. O ego é sempre inteligente, compreensivo, ótimo – e continua a rejeitar. O ego ensina a rejeitar o corpo, porque o corpo é material e você é espiritual; ele ensina a rejeitar isso e aquilo.

Tudo isso foi feito durante séculos. Pessoas religiosas fizeram isso o tempo todo e não chegaram a lugar nenhum. Na verdade, tornaram toda a humanidade esquizofrênica. Dividiram completamente todo mundo em partes. Você tem compartimentos dentro de você: isso é "bom", aquilo é "mau"; o amor é bom, o ódio é mau; a compaixão é boa, a raiva é má.

Quando digo que aceite, digo que aceite tudo e largue todos os compartimentos. Torne-se um, e tudo é bom. A raiva também tem seu papel a desempenhar e o ódio também é necessário. Na verdade, seja o que for que você tenha, tudo é necessário – talvez em um arranjo diferente, só isso. Mas nada deve ser negado nem rejeitado, e não chame de burro nada dentro de você.

Você pergunta: "Há algum jeito de tornar essa parte minha mais nítida para mim?" Por quê? Não consegue aceitar algo escondido dentro de você? Não consegue aceitar algo sombrio dentro de você? Você também é como o dia e a noite: algo está na luz, algo está no escuro. Deve ser assim, senão você só estaria na superfície e não teria nenhuma profundidade.

A profundidade tem que estar na escuridão. Se uma árvore disser "Gostaria de trazer minhas raízes ao meu conhecimento", ela morre, porque as raízes só existem na escuridão profunda, escondidas na terra. Não há necessidade de trazê-las para a superfície. Se as trouxer para cima, a árvore morrerá. Você precisa de uma parte escura tanto quanto precisa de uma parte clara.

Não chame de "burra" nenhuma parte sua.

Não lute. Permita-se. Isto é a aceitação: é se desprender. Você vive como se estivesse completamente afastado. Você vive, você faz, mas faz as coisas naturalmente, com espontaneidade. Elas acontecem. Se tiver vontade de fazer, você faz; se não tiver vontade de fazer, não faz. Aos poucos, você se alinha com a natureza, você se torna cada vez mais natural.

A MEDITAÇÃO:

OLHAR O OBJETO COMO UM TODO

Normalmente, olhamos as partes e as rotulamos, julgamos essas partes. Quando olhamos uma pessoa, por exemplo, podemos notar o rosto primeiro, depois o cabelo ou o tronco. Essa pessoa é "magra", aquela pessoa é "gorda". O rosto pode nos parecer caloroso e receptivo, zangado ou frio.

Esta meditação foi tirada de um texto antigo chamado *Vigyan Bhairav Tantra* e é descrita com detalhes em *O livro dos segredos*, de Osho. Ela é projetada para nos ajudar a nos afastar do hábito de dividirmos e rotularmos objetos e pessoas e vivenciarmos (a nós mesmos e aos outros) na nossa forma pura, que é sempre íntegra.

A técnica

PRIMEIRO PASSO: Olhe uma vasilha sem ver as laterais nem o material.

A técnica sugere uma vasilha, mas na verdade serve qualquer objeto. A questão é dar um jeito de olhá-la com uma qualidade diferente.

Experimente. Primeiro olhe um objeto, como uma vasilha, movendo-se de um fragmento a outro. Então, de repente, olhe o objeto como um todo; não o divida. A primeira coisa que descobrirá é que, quando você olha um objeto como um todo, os olhos não têm necessidade de se mexer. E a segunda parte da instrução é olhar "sem ver o material". Se a vasilha for feita de madeira, não classifique nem rotule a madeira. Só observe a vasilha, o objeto, a forma; não pense na substância.

Por quê? Porque a substância é a parte material, a forma é a parte espiritual, e a técnica ajuda você a ir do material para o não material. O objeto pode ser de ouro, pode ser de prata; só observe. A forma é apenas uma forma; você não pode pensar sobre ela. Se for feita de ouro, você pode pensar muitas coisas – é bonita, alguém talvez queira roubar; ou: se precisar de dinheiro, posso vendê-la (e logo começo a pensar no preço) –, de modo que muitas coisas são possíveis.

Você pode tentar com um objeto e, quando começar a pegar o jeito, pode até tentar com uma pessoa. Um homem ou uma mulher está ali; olhe e assimile o homem ou a mulher inteiramente no seu olhar, totalmente dentro dele. Será uma sensação esquisita no começo porque você não está acostumado a ver os outros assim. Não pense se o corpo é bonito ou não, branco ou preto, homem ou mulher. Não pense; só olhe a forma. Esqueça a substância e só olhe a forma.

SEGUNDO PASSO: Em poucos instantes, torne-se consciente.

Continue olhando a forma como um todo. Não permita nenhum movimento dos olhos. Não comece a pensar no material de que é feito nem nas partes individuais. O que acontecerá? De repente, você tomará consciência de seu eu. Ao olhar alguma coisa, você se tornará consciente de seu eu. Por quê? Porque, para os olhos, não há possibilidade de se mover para fora. A forma foi absorvida como um todo, então você não pode mover as partes. O material foi abandonado; a forma pura assumiu. E não há possibilidade de mudar de uma parte a outra; você a absorveu como um todo. A forma é forma pura. Nenhum pensamento sobre ela é possível.

Permaneça com o todo e com a forma. De repente, você tomará consciência de seu eu, porque agora os olhos não podem se mover. Eles precisam de movimento; essa é sua natureza. Portanto, seu olhar se moverá em sua direção. Ele retornará, voltará para casa, e, de repente, você terá consciência de seu eu. Esse tornar-se consciente do próprio eu é um dos momentos de maior êxtase possível. Quando, pela primeira vez, tomar consciência de seu eu, haverá tanta beleza e tanta bem-aventurança que você não conseguirá comparar com nada mais que conheceu. Pela primeira vez você *se tornará* seu eu; pela primeira vez, você saberá quem é. Seu ser se revela em um relâmpago.

Citação do dia

Confiança não significa que tudo vai dar certo.
Confiança significa que tudo já está certo.
A confiança não conhece futuro; a confiança
só conhece o presente. No momento em que
você pensa no futuro, já há desconfiança.

— Osho

ANOTAÇÕES

DIA 17 ACEITAR CADA PARTE MINHA

DIA 18

Sexo, amor e meditação

Osho diz que o sexo é um fenômeno simples e biológico e não deveria receber tanta importância. Sua única importância é como energia que pode ser transformada em planos superiores para se tornar espiritual. O modo de torná-lo mais espiritual, segundo ele, é fazer dele algo menos sério.

O sexo é um tema delicado e complexo, e a própria palavra é carregada devido ao nosso condicionamento religioso e cultural. Mas a vida em si nasce do sexo. Ele permeia todos os aspectos da nossa vida.

Osho disse: "A menos que você se afine com algo

além da mente, o sexo permanecerá lá de uma forma ou de outra. E, se permanecerá lá, é melhor que permaneça natural e biológico.

"A luxúria é a forma mais vil de energia sexual; o amor, a forma mais elevada. A menos que sua luxúria vire amor, você errará o alvo.

"O sexo é belo. O sexo em si é um fenômeno natural, rítmico. A vida existe por meio do sexo; o sexo é seu meio. Se entender a vida, se amar a vida, você saberá que o sexo é santo, sagrado. Então o viverá, então terá prazer nele; e, tão naturalmente quanto veio, ele se irá por conta própria."

IDEIAS DE OSHO

O homem possui três camadas: o corpo, a mente e a alma. Portanto, tudo o que você fizer pode ser feito de três maneiras. Pode ser só do corpo, pode ser só da mente ou pode ser só da alma. O que quer que faça, qualquer ato seu, pode ter três qualidades. O sexo é amor através do corpo; o amor romântico é sexo através da mente; a compaixão é através da alma. Mas a energia é a mesma. Ao mover-se de forma mais profunda, a qualidade muda, mas a energia é a mesma.

Se você só vive sua vida amorosa pelo corpo, você vive uma vida amorosa muito pobre, porque vive de forma muito superficial. O sexo só do corpo nem é sexo; torna-se sexualidade. Torna-se pornográfico, torna-se um pouco obsceno, torna-se um pouco violento, feio, porque não tem profundidade. Então, é apenas uma liberação física de energia. Talvez o ajude a ficar um pouco menos tenso, mas só para ficar um pouco mais relaxado você está perdendo uma energia tremenda, uma energia valiosíssima.

Caso ela se torne amor, você não a perderá. No mesmo ato, estará ganhando também. No nível físico, só há perda; o sexo é simplesmente uma perda de energia. O sexo é uma válvula de segurança do corpo: quando há energia demais e não se sabe o que fazer com ela, você a joga fora. E se sente relaxado porque se esvaziou de energia. Ocorre uma espécie de repouso porque a energia inquieta é jogada fora; mas você está mais pobre do que antes, está mais vazio do que antes.

E isso acontecerá várias vezes. Toda a sua vida se tornará,

então, apenas uma rotina de coletar energia com a comida, com a respiração, com o exercício e depois jogá-la fora. Isso parece absurdo. Primeiro você come, respira, se exercita, cria energia; depois, você fica preocupado com o que fazer com ela – e aí a joga fora. Isso é sem sentido, absurdo. Assim, bem depressa o sexo se torna sem sentido. E a pessoa que só conheceu o sexo do corpo e não a dimensão mais profunda do amor se torna mecânica. Esse sexo é apenas a repetição do mesmo ato, várias e várias e várias vezes.

É isso que está acontecendo no Ocidente. As pessoas estão indo além do sexo, não rumo ao amor, não rumo à compaixão, porque esse além é interno; as pessoas estão indo além do sexo de um modo negativo. O sexo está ficando absurdo. Acabaram com ele. Estão buscando outra coisa. Por isso as drogas se tornaram tão importantes. O sexo acabou; era a droga mais antiga, o LSD natural. Agora as pessoas não sabem o que fazer. A droga natural não atrai mais, já consumiram bastante. Assim, substâncias químicas, LSD, maconha, psilocibina e outras coisas estão ficando mais importantes.

No Ocidente, é impossível agora afastar as pessoas das drogas. A menos que o sexo comece a ficar mais profundo e se transforme em amor, não há como: as pessoas terão que ir rumo às drogas, desamparadas. Mesmo que relutem, terão que ir, porque a antiga droga do sexo acabou. Não por ser inútil, mas porque as pessoas só o vivenciaram no nível superficial. Nunca penetraram em seu mistério.

No máximo, as pessoas conhecem alguma coisa sobre o que chamam de amor romântico; isso tampouco é amor, é sexo reprimido. Quando não há possibilidade de fazer contato sexual, essa energia reprimida se transforma em romance. Então, a energia reprimida começa a se tornar cerebral, começa a se mover para a cabeça. Quando se move dos órgãos genitais para a cabeça, o sexo vira romance. O amor romântico não é realmente amor, é pseudoamor; é uma moeda falsa. Mais uma vez, é o mesmo sexo, mas a oportunidade não estava lá.

Em eras passadas, as pessoas viviam bastante no amor romântico, porque o sexo não era tão fácil. Era dificílimo, a sociedade criava muitos obstáculos. O sexo era tão difícil que as pessoas tinham que reprimi-lo. Essa energia reprimida começava a se deslocar para a cabeça, virava poesia, pintura e romance; e eles tinham sonhos, lindos sonhos.

No Ocidente, isso desapareceu, porque o sexo ficou disponível. Graças a Freud, houve uma grande revolução no Ocidente. A revolução derrubou todas as barreiras, inibições e repressões da energia sexual. Agora o sexo está facilmente disponível, não há problema com isso.

O sexo está tão disponível, mais até do que o necessário, que criou um problema: o amor romântico desapareceu. Agora, no Ocidente, não se escreve mais poesia romântica. Quem escreverá poesia romântica? O sexo está à disposição com tanta facilidade no mercado, quem pensará nisso? Não há necessidade de pensar nisso.

O amor romântico é o outro lado do sexo físico, o lado reprimido. Não é amor. Ambos são doenças. O que vocês chamam de sexo, sexualidade e amor romântico são situações doentes. Quando o corpo e a mente se encontram, há amor. O amor é saudável. Na sexualidade, só o corpo está lá; no amor romântico, só a cabeça está lá. Ambos são parciais.

No amor, corpo e mente se encontram: você se torna uma unidade, uma unidade maior. Você ama a pessoa, e o sexo surge apenas como uma sombra disso – o sentido inverso não ocorre. Você ama tanto a pessoa, suas energias se encontram tão profundamente, você se sente tão bem na presença do outro, a presença do outro é tão compensadora... ela o completa. O amor vem como uma sombra disso.

O sexo não é o centro, o amor é o centro; o sexo se torna a periferia. Sim, às vezes vocês gostariam de se encontrar no plano físico também, mas não há desejo ardente por isso. Não é uma obsessão, é só um compartilhamento de energia. A coisa básica é profunda. A periferia é boa. Com o centro, a periferia é boa; sem o centro, ela se torna sexualidade. Sem a periferia, se estiver somente no centro, torna-se amor romântico. Quando a periferia e o centro estão juntos, há uma união de corpo e mente. Além de desejar o corpo do outro, você deseja o ser do outro – então há amor. O amor é saudável.

A sexualidade e o amor romântico são doentes, insalubres. São um tipo de neurose porque criam uma divisão em você. O amor é harmonia. Não é só o corpo do outro, mas seu próprio ser, sua própria presença que é amada. Você não usa a outra pessoa como um meio de se aliviar. Você ama a pessoa. Ele (ou ela) não é um meio, mas um fim em si. O amor é saudável.

E há outra profundidade que chamo de compaixão. Quando corpo, mente e alma se encontram, você se tornou uma grande unidade. Você se tornou uma trindade. Você se tornou *trimurti*. Então tudo o que está em você, do mais superficial até a mais absoluta profundeza, está em reunião. Sua alma também faz parte do seu amor. É claro que a compaixão só é possível por meio da meditação profunda.

A sexualidade é possível sem nenhum entendimento, sem nenhuma meditação. O amor só é possível com entendimento. A compaixão só é possível com entendimento e meditação, entendimento e consciência. Além de entender e respeitar a outra pessoa, você chegou ao centro mais profundo de seu ser. Ao ver seu centro mais profundo, você se tornou capaz de ver o centro mais profundo do outro também. Agora o outro não existe como corpo nem como mente; o outro existe como alma. E as almas não são separadas. A sua e a minha são uma só.

O terceiro estágio chamo de sagrado porque consiste no todo. Isso só é possível se você fizer um esforço individual. A meditação o levará à compaixão. Buda disse: "Se você meditar, a compaixão surgirá automaticamente."

A MEDITAÇÃO:
TRANSFORMAR A ENERGIA SEXUAL

Cada coisa tem sua hora, dizia Osho. "Cada coisa tem que ser feita em seu momento. Quando jovem, não tenha medo do amor. Se tiver medo do amor quando jovem, na velhice você ficará obcecado, então será difícil se mover profundamente no amor, e a mente ficará obcecada."

Ele também ressaltava: "O sexo é químico e libera determinados hormônios no seu corpo. Ele lhe dá certa euforia ilusória. Ele lhe dá alguns momentos em que você se sente no topo do mundo."

E alertava: "Se ficar confinado ao sexo, você desperdiçará sua energia. Aos poucos, a energia vai vazar, e você se tornará apenas uma concha morta."

A técnica

Quando o desejo sexual surgir, feche os olhos e fique meditativo. Mova-se para baixo até o centro do sexo, onde você sente a excitação, a vibração, o ímpeto. Vá para lá e seja apenas um observador calado. Testemunhe, não condene. No momento em que condenar, terá se afastado demais. E não desfrute dele, porque no momento em que isso acontecer ficará inconsciente. Só fique alerta, vigilante, como a chama que arde na noite escura. Só leve sua consciência para lá, sem tremeluzir, sem hesitar. Veja o que está acontecendo no centro do sexo. O que é essa energia?

Apenas observe o fato de que uma energia está surgindo perto do centro do sexo. Há uma excitação; observe-a. Você sentirá uma qualidade toda nova de energia; verá que está subindo. Ela está encontrando um caminho por dentro de você. E, no momento em que ela começar a subir, você sentirá uma frieza cair sobre você, um silêncio cercá-lo, uma graça, uma beatitude, uma bendição, uma bênção à sua volta. Ela não é mais um espinho doloroso. Não dói mais; é muito calmante, como um bálsamo. E quanto mais permanecer atento, mais alto ela vai subir. Pode até subir ao coração, o que não é muito difícil – difícil, mas não muito difícil. Se permanecer alerta, você verá que chegou ao coração. Quando essa energia chegar ao coração, você saberá pela primeira vez o que é o amor.

Citação do dia

Quando fazem amor, sua mulher realmente está lá? Seu homem realmente está lá? Ou você só está seguindo um ritual, algo que tem que ser feito, um dever a cumprir? Se quiser um relacionamento harmonioso você terá que aprender a ser mais meditativo. O amor sozinho não é suficiente. O amor sozinho é cego; a meditação lhe dá olhos. A meditação lhe dá entendimento. E, assim que seu amor for ao mesmo tempo amor e meditação, vocês se tornam colegas viajantes. Então não terão mais um relacionamento comum. O que vocês têm se tornará camaradagem no caminho rumo à descoberta dos mistérios da vida.

— Osho

ANOTAÇÕES

DIA 18 SEXO, AMOR E MEDITAÇÃO

DIA 19

Viver na alegria

"A busca da felicidade", disse Osho, "é um direito básico estabelecido na Constituição dos Estados Unidos. O documento diz que a busca da felicidade é o direito inato do homem. Se a busca da felicidade é o direito inato da humanidade, o que dizer da infelicidade? De quem a infelicidade é o direito inato? Quem pede felicidade pede infelicidade ao mesmo tempo; se você sabe disso ou não, não importa, é o outro lado da moeda."

Aqui, Osho falou de uma dimensão diferente: uma dimensão espiritual da felicidade, que ele chamou de alegria. A alegria não depende do que acontece do lado de fora; é uma qualidade interior a ser descoberta.

Depois da meditação de hoje, experimentaremos uma técnica para dar espaço à alegria conscientemente, para nos reconectarmos com nossa capacidade interna de senti-la. A meditação se baseia na técnica apresentada no Dia 17 e a aprofunda.

IDEIAS DE OSHO

Alegria não é felicidade, porque a felicidade está sempre misturada com a infelicidade. Ela nunca é encontrada em estado puro, está sempre poluída. Sempre tem atrás de si uma longa sombra de sofrimento. Assim como o dia segue a noite, a felicidade é seguida pela infelicidade.

Então, o que é alegria? Alegria é um estado de transcendência. Não se está feliz nem infeliz, mas totalmente pacífico, quieto, em equilíbrio absoluto; tão silencioso e tão vivo que seu silêncio é uma canção, e sua canção não passa de seu silêncio. A alegria é para sempre, a felicidade é momentânea. A felicidade é causada pelo lado de fora, portanto pode ser tirada pelo lado de fora. Você precisa depender dos outros para ter felicidade, e toda dependência é feia, toda dependência é servidão.

A alegria vem de dentro; não tem nada a ver com o lado de fora. Não é causada pelos outros. Não é causada de jeito nenhum, é o fluxo espontâneo de sua própria energia.

Quando sua energia está estagnada, não há alegria. Quando sua energia se torna um fluxo, um movimento, um rio, há grande alegria – por nenhuma razão, só porque você se tornou mais fluido, mais fluente, mais vivo. Uma canção nasce em seu coração, um grande êxtase surge.

É uma surpresa quando aparece, porque você não consegue encontrar nenhuma causa. É a experiência mais misteriosa da vida: algo sem causa, algo além da lei de causa e efeito. Não precisa ser causada porque é sua natureza intrínseca, você nasceu com ela. É algo inato, é seu em sua totalidade, fluente.

Sempre que estiver fluindo, você flui rumo ao oceano. Esta é a alegria: a dança do rio que se move rumo ao oceano para encontrar o amado supremo. Quando sua vida é uma poça estagnada, você está simplesmente morrendo. Não está indo a lugar algum – sem oceano, sem esperança. Mas, quando está fluindo, o oceano se aproxima a cada momento, e quanto mais perto chegar o rio, mais dança haverá, mais êxtase haverá.

Viva na alegria... Viva em sua própria natureza mais íntima, com aceitação absoluta de quem você é. Não tente se manipular de acordo com as ideias dos outros. Seja você mesmo, sua natureza autêntica, e a alegria está fadada a surgir; ela brota dentro de você.

Viva na alegria, no amor... Quem vive na alegria naturalmente vive no amor. O amor é a fragrância da flor da alegria.

A MEDITAÇÃO:
ABRA ESPAÇO PARA A ALEGRIA

Conhecer-se é muito elementar. Não é difícil, não pode ser difícil; você só tem que desaprender algumas coisas. Não é preciso aprender nada para saber quem é; você só tem que *desaprender* algumas coisas.

Primeiro, deve desaprender a ficar preocupado com as coisas.

Segundo, deve desaprender a ficar preocupado com os pensamentos.

A terceira etapa acontece por conta própria: testemunhar.

A técnica

PRIMEIRO PASSO: Comece a observar coisas. Sentado em silêncio, olhe uma árvore e só observe. Não pense sobre ela. Não diga: "Que tipo de árvore é essa?" Não diga que é bonita ou feia. Não diga que está "verde" ou "seca". Não deixe nenhum pensamento ondular em torno dela; só continue olhando a árvore.

Você pode fazer isso em qualquer lugar, observando qualquer coisa. Apenas se lembre do seguinte: quando o pensamento vier, deixe-o de lado. Empurre-o para o lado e continue a olhar a coisa.

No começo será difícil, mas, depois de um período, começarão a surgir intervalos em que não há pensamento. Você verá grande alegria surgir dessa experiência simples. Nada aconteceu, apenas os pensamentos não estão ali. A árvore está ali, você está ali, e entre os dois há espaço. O espaço não está atulhado de pensamentos. De repente, há grande alegria por nenhuma razão aparente. A alegria é uma função da falta de pensamento. A alegria já está lá; está reprimida atrás de tantos pensamentos. Quando os pensamentos não estão lá, ela emerge.

Você aprendeu o primeiro segredo.

SEGUNDO PASSO: Agora, feche os olhos e veja qualquer pensamento que aparecer – sem pensar sobre o pensamento. Algum rosto surge na tela da mente ou uma nuvem se desloca, qualquer coisa; só olhe sem pensar.

O processo será um pouco mais difícil do que o primeiro, porque os pensamentos são muito sutis. Mas, se o primeiro aconteceu, o segundo acontecerá; só é necessário tempo. Continue olhando o pensamento. Dali a algum tempo acontecerá – pode acontecer em semanas, pode acontecer em meses ou pode levar anos; depende de com que intensidade e sinceridade você está praticando. Então, um dia, de repente, o pensamento não estará lá.

Você estará sozinho. Uma grande alegria surgirá, mil vezes maior do que a primeira alegria que apareceu quando a árvore estava lá e o pensamento tinha desaparecido. Mil vezes! Será tão imensa que você ficará inundado de alegria.

TERCEIRO PASSO: Depois que isso começou a acontecer, chegou a hora de observar o observador. Agora não há objeto. As coisas foram largadas, os pensamentos foram largados; agora você está sozinho. Apenas observe esse observador, seja testemunha do seu testemunhar.

No começo, novamente será difícil, porque só sabemos como observar *algo* – uma coisa ou um pensamento. Mas agora só resta o observador. Você tem que se voltar para si.

Esta é a chave secreta. Repouse nessa solidão, e chegará o momento em que acontecerá. Está fadado a acontecer. Se as duas primeiras coisas aconteceram, a terceira está fadada a acontecer; não precisa se preocupar.

Quando acontecer, pela primeira vez você saberá o que é alegria. Não é algo que lhe acontece, portanto não pode lhe ser tirada. Ela é você em seu ser autêntico, é seu próprio ser. Agora, ela não pode lhe ser tirada. Agora, não há como perdê-la. Você voltou para casa.

Citação do dia

A vida é mais bela com um pouco de loucura.
Portanto, nunca seja absolutamente sábio.
Um pouco de tolice dá tempero à sabedoria.
Um pouco de tolice dá humor, humildade.
A pessoa realmente sábia também é tola.

– OSHO

ANOTAÇÕES

DIA 19 VIVER NA ALEGRIA

DIA 20

A maturidade e a responsabilidade de ser quem somos

Em uma cultura apaixonada pela juventude e decidida a evitar a velhice a qualquer custo, Osho ousava fazer uma pergunta que foi praticamente esquecida na época do Viagra e da cirurgia cosmética: que benefícios pode haver em aceitar como natural o processo de envelhecimento, em vez de tentar se agarrar à juventude e aos seus prazeres até o túmulo?

Ele nos leva de volta às raízes do que significa crescer, em lugar de somente envelhecer. Tanto nas nossas relações com os outros quanto na realização de nosso destino individual, ele nos lembra dos prazeres que só a verdadeira maturidade pode trazer.

A meditação de hoje se chama "Completar o dia".

Reservaremos meia hora à noite e olharemos para nosso dia, terminando tudo o que ficou incompleto.

IDEIAS DE OSHO

Qual é o significado de maturidade?

Maturidade significa o mesmo que inocência, com uma única diferença: é inocência reivindicada, recapturada. Toda criança nasce inocente, mas a sociedade a corrompe. Toda sociedade até hoje foi uma influência corruptora sobre toda criança. Todas as culturas dependeram de explorar a inocência da criança, de explorar a criança, de torná-la escrava, de condicioná-la para seus próprios propósitos, para seus próprios fins – políticos, sociais, ideológicos. Todo o seu esforço foi para recrutar a criança como escrava com algum propósito. Esses propósitos são decididos pelos interesses ocultos. Os sacerdotes e os políticos viveram unidos em uma profunda conspiração.

No momento em que passa a se tornar parte de sua sociedade, a criança começa a perder algo valiosíssimo e fica cada vez mais pendurado pela cabeça. Ele esquece tudo sobre o coração. E o coração é a ponte que leva ao ser; sem o coração, não se consegue chegar ao próprio ser, é impossível. A partir da cabeça, não há caminho direto até o ser; é preciso ir pelo coração. E todas as sociedades são destrutivas para o coração; são contra o amor, são contra os sentimentos. Condenam os sentimentos como sentimentalismo. Elas condenam todos os amantes de todos os tempos pela simples razão de que o amor não é da cabeça, é do coração. E, mais cedo ou mais tarde, o homem que é capaz de amar descobrirá seu ser. E, assim que descobre seu ser, a pessoa fica livre de todas as estruturas, de todos os padrões. Fica livre de toda a servidão. É pura liberdade.

Maturidade significa conquistar outra vez a inocência perdida, recuperar seu paraíso, tornar-se criança de novo. É claro que há uma diferença, porque a criança comum está fadada a ser corrompida, mas, quando recupera sua infância, você se torna incorruptível. Ninguém pode corrompê-lo, você se torna inteligente o bastante. Agora você sabe o que a sociedade lhe fez, está alerta e atento e não permitirá que aconteça de novo.

A maturidade é um renascimento, um nascimento espiritual. Você nasce outra vez, é criança outra vez. Com novos olhos, começa a olhar a existência. Com amor no coração, aborda a vida. Com silêncio e inocência, penetra em seu centro mais íntimo. Você não é mais só a cabeça. Agora você usa a cabeça, mas ela é sua criada. Primeiro você se torna o coração, depois transcende até mesmo o coração.

Ir além de pensamentos e sentimentos e se tornar puramente ser é maturidade. A maturidade é o florescer supremo da meditação.

Para conhecer a beleza real de sua infância, primeiro é preciso perdê-la, senão você nunca a conhecerá.

O peixe nunca sabe onde fica o oceano, a menos que você o tire do oceano e o jogue na areia, ao sol ardente; então ele sabe onde está o oceano. Agora ele anseia pelo oceano, faz um esforço supremo para voltar ao oceano, pula no oceano. É o mesmo peixe, mas não o mesmo peixe. É o mesmo oceano, mas não o mesmo oceano, porque o peixe aprendeu uma nova lição. Agora ele está consciente, agora ele sabe: "Este é o oceano e esta é minha vida. Sem ele, não existo mais; faço parte dele."

Toda criança tem que perder a inocência e recuperá-la. Perder é apenas metade do processo. Muitos a perderam, mas poucos a recuperaram. No momento em que tomar consciência de que fazer parte de qualquer sociedade, qualquer religião, qualquer cultura é continuar sofrendo, é se tornar prisioneiro, você começará a largar as correntes. A maturidade está vindo. Você está recuperando sua inocência.

Maturidade é viver no presente, totalmente alerta e consciente de toda beleza e esplendor da existência.

A MEDITAÇÃO:
COMPLETAR O DIA

Osho disse:

Há um mecanismo intrínseco em cada coisa que a impele a se tornar completa. A semente quer se tornar árvore, o menino quer se tornar rapaz, o fruto verde quer amadurecer, e assim por diante. Todas as coisas querem se completar, têm uma ânsia embutida de se completar. E isso é assim em praticamente todas as experiências. Todas as noites, antes de dormir, termine aquele dia. É existência acabada; agora é inútil levá-lo na mente. Só termine com ele. Dê-lhe adeus...

Que haja meia hora todas as noites, e que essa seja sua meditação: vá terminar. Comece pela manhã e termine tudo o que ficou incompleto. Você se surpreenderá ao ver que é possível completar. E, assim que estiver completo, você adormecerá.

A técnica

Se algo ficou incompleto durante o dia, complete-o na mente. Você estava andando pela rua, viu uma pessoa que parecia muito triste e angustiada e teve vontade de abraçá-la. Não se pode fazer isso com desconhecidos, e é claro que você não a abraçou; agora, algo pende incompleto. Antes de dormir, reserve 30 minutos e olhe o dia inteiro, vendo o que ficou incompleto. Complete esses momentos psicologicamente: abrace a pessoa, segure sua mão, deixe-a perceber que você entende. Ou: alguém o insultou, foi desrespeitoso, e você teve vontade de bater nele, mas não era possível. Teria lhe custado muito, e você não estava disposto a perder tudo aquilo. Faça isso antes de dormir. Reviva qualquer momento que pareça incompleto em vez de carregá-lo incompleto.

Você pode experimentar essa meditação sempre que quiser.

Citação do dia

Faça tudo completamente e termine; você não levará lembrança psicológica das coisas. Faça de forma incompleta e a coisa vai se pendurar em você, vai continuar, virará ressaca. A mente quer continuar, fazer e completar. A mente tem uma grande tentação de completar coisas. Complete tudo e a mente se vai. Se continuar fazendo as coisas totalmente, um dia você descobrirá que não há mente. A mente é o passado acumulado de todas as ações incompletas.

– Osho

ANOTAÇÕES

DIA 20 A MATURIDADE E A RESPONSABILIDADE DE SER QUEM SOMOS

DIA 21

Zorba, o Buda

Hoje apresentaremos você a "Zorba, o Buda", a visão de Osho de um novo ser humano que é íntegro, não dividido entre materialismo e espiritualidade – uma pessoa capaz de celebrar cada aspecto da vida.

Uma dimensão do novo homem é representada por Zorba, o grego, personagem-título do romance de Níkos Kazantzákis, que ficou famoso representado no filme homônimo por Anthony Quinn. Zorba é um homem que abraça os prazeres do corpo por todos os sentidos. Goza a vida ao máximo. Zorba é divertimento.

A outra dimensão do novo homem é representada por Buda, a personificação do espiritual, do silêncio e da consciência que estão além do mundo material ou escondidos em suas maiores profundezas.

Para Osho, esses dois são complementares, não opostos, e ele ressalta que a divisão dessas duas partes de quem somos levou a humanidade à beira da insanidade. A visão de Osho é a síntese de Zorba e Buda: "Zorba, o Buda".

A meditação de hoje lhe dará uma ideia do que acontece quando Zorba e Buda são um só. Ela aumenta o prazer dos sentidos e lhe dá, ao mesmo tempo, uma experiência de consciência silenciosa.

IDEIAS DE OSHO

Às vezes, quando você fala, sou levado a pensar em uma vida como a de Zorba, o grego – comer, beber e se divertir –, voluptuosa e apaixonada, e penso que esse é o caminho. Outras vezes, sinto que você está dizendo que o caminho é sentar-se em silêncio, vigilante e imóvel como um monge. Sinto que você conseguiu integrar as contradições, mas podemos ser ao mesmo tempo Zorbas, movidos por paixão e desejo, e Budas, desapegados e calmos?

A suprema síntese é quando Zorba se torna um buda. Estou tentando criar aqui não Zorba, o grego, mas Zorba, o Buda.

Zorba é belo, mas lhe falta algo. A terra é dele, mas falta o céu. Ele é terreno, enraizado, como um cedro gigantesco, mas não tem asas. Não pode voar. Tem raízes, mas não asas.

Comer, beber e se divertir é perfeitamente bom em si; não há nada de errado com isso. Mas não basta. Logo você vai se cansar. Não se pode passar a vida toda comendo, bebendo e se divertindo. Logo o carrossel gira e vai para o lado triste – porque é repetitivo. Só uma mente muito medíocre conseguiria continuar feliz com isso. Se tiver um pouco de inteligência, mais cedo ou mais tarde você descobrirá a inutilidade disso tudo. Por quanto tempo continuará comendo, bebendo e se divertindo? Mais cedo ou mais tarde, a pergunta deverá surgir: qual é a razão disso tudo? Por quê? É impossível evitar a pergunta por muito tempo. E, se você for muito inteligente, ela sempre estará lá, persistente, martelando sua cabeça, querendo a resposta: "Dê a resposta! *Por quê?*"

E há uma coisa a lembrar: não é verdade que as pessoas que são pobres e passam fome ficam frustradas com a vida. Elas não podem ficar frustradas. Ainda não viveram; como podem se frustrar? Elas têm esperança. O pobre sempre tem esperança. O pobre sempre deseja que algo aconteça, espera que algo vá acontecer. Se não hoje, então amanhã ou depois de amanhã. Se não nesta vida, então na próxima.

O que você acha? Quem são essas pessoas que representaram o céu como uma boate da *Playboy*? Quem são? Famintas, pobres, que perderam a vida. Elas projetam seus desejos no céu. No céu, há rios de vinho.

Com fome, não foram capazes de viver a vida. Como podem se frustrar com a vida? Não a vivenciaram; é só com a vivência que se chega a conhecer a total inutilidade disso tudo. Só os Zorbas chegam a conhecer a total inutilidade disso tudo.

O próprio Buda era um Zorba. Ele teve todas as lindas mulheres disponíveis no seu país. Seu pai conseguira que todas as moças lindas ficassem em torno dele. Ele tinha os palácios mais belos, palácios diferentes a cada estação. Tinha todo o luxo possível naquela época. Levava a vida de um Zorba, o grego. Mas quando completou 29 anos ficou absolutamente frustrado. Era um homem muito inteligente. Se fosse um homem medíocre, teria vivido naquilo. Logo ele viu a questão: é repetitivo, é sempre igual. Todo dia se come, todo dia se faz amor com uma mulher... e ele tinha mulheres diferentes todos os dias para fazer amor. Mas por quanto tempo...?! Ele não aguentou mais.

A experiência da vida é muito amarga. Só é doce na imaginação. Na realidade, é muito amarga. Ele fugiu do palácio, das mulheres, das riquezas, do luxo, de tudo.

Portanto, não sou contra Zorba, o grego, porque Zorba, o grego é a própria base de Zorba, o Buda. Buda surge dessa experiência. Assim, sou a favor deste mundo, porque sei que o outro só pode ser vivenciado através deste. Portanto, não direi "fuja dele", não lhe direi que se torne monge. O monge é alguém que se moveu contra Zorba; é um escapista, um covarde; fez algo às pressas, por falta de inteligência. Não é uma pessoa madura. O monge é imaturo, ganancioso – ganancioso pelo outro mundo, ele o quer cedo demais, e a temporada ainda não chegou, ele ainda não está maduro.

Viva neste mundo, porque este mundo oferece uma integridade amadurecedora, maturidade. Os desafios deste mundo lhe dão centralidade, consciência. E essa consciência se torna a escada. Então você pode passar de Zorba a Buda.

Mas vou repetir: só os zorbas se tornam budas – e Buda nunca foi monge. O monge é alguém que nunca foi Zorba e se encantou com as palavras dos budas. O monge é um imitador, é falso, pseudo. Ele imita os budas. Pode ser cristão, pode ser budista, pode ser jainista, não faz diferença; mas ele imita os budas.

Você só pode entrar no mais elevado depois de viver no mais vil. Só pode conquistar o mais elevado depois de passar por toda a agonia e todo o êxtase do mais vil. Antes de se tornar lótus, o lótus tem que atravessar a lama – a lama é o mundo. O monge escapou da lama e nunca se tornará um lótus. É como se a semente de lótus tivesse medo de cair na lama, talvez por ego: "Sou uma semente de lótus! E não posso cair na lama." Mas ela continuará sendo semente; nunca vai florir como um lótus.

Eu gostaria que você se enraizasse na Terra. Não anseie por outro mundo. Viva este mundo e viva-o com intensidade, com paixão. Viva-o com totalidade, com todo o seu ser. A partir dessa confiança íntegra, dessa vida de paixão, amor e alegria, você se tornará capaz de ir além.

O outro mundo está oculto neste mundo. O Buda está adormecido no Zorba. Ele tem que ser despertado. E ninguém despertará você, a não ser a própria vida.

Estou aqui para ajudá-lo a ser total onde quer que esteja, qualquer que seja seu estado; viva esse estado totalmente. Só vivendo uma coisa totalmente é que a pessoa a transcende.

Primeiro se torne um Zorba, uma flor desta terra, e conquiste a capacidade de se tornar um Buda, a flor do outro mundo. O outro mundo não está longe deste mundo; o outro mundo não é contra este mundo; o outro mundo está escondido neste; este é apenas uma manifestação do outro, e o outro é a parte não manifesta deste.

A MEDITAÇÃO:
TORNAR-SE O GOSTO DA COMIDA OU DA BEBIDA

Quando Osho fala em "vivenciar o outro mundo por meio deste mundo" e diz que "o outro mundo está escondido neste mundo, o Buda adormecido no Zorba" e que "o outro mundo não está contra este mundo, é uma manifestação dele", como vivenciar isso? Como praticar a cura da "divisão" interna entre o nosso "Zorba" e o nosso "Buda" para que se tornem um só outra vez?

Novamente, o segredo aqui tem a ver com "ser total" em alguma atividade no aqui e agora. O método de hoje é simples, instantâneo e agradável. Você pode treinar na sua próxima refeição, se quiser. Reserve um pouco mais de tempo para isso.

Leia as instruções mais uma vez antes de começar para refrescar a memória e para ajudá-lo a entrar no espaço para fazê-la. É mais fácil praticar quando estiver sozinho – ou se combinar com seus amigos ou familiares que farão isso juntos por 10 a 15 minutos antes de voltar ao normal e recomeçar, se quiserem, a conversa da hora da refeição.

A técnica

Eis o método explicado com as palavras de Osho em *O livro dos segredos*:

"Quando comer ou beber, torne-se o sabor da comida ou da bebida e se preencha."

A próxima vez que comer ou beber, vá devagar e tenha consciência do sabor da comida. Só quando for devagar você conseguirá ter consciência. Não só engula as coisas; saboreie-as sem pressa e se torne o sabor. Quando sentir doçura, torne-se essa doçura. Então, ela poderá ser sentida no corpo inteiro – não só na boca, não só na língua, ela pode ser sentida no corpo inteiro! Certa doçura – ou qualquer outra coisa – se espalha em ondas. Seja o que for que esteja comendo, sinta o sabor e se torne o sabor.

Quando beber água, sinta o frescor. Feche os olhos, beba devagar, saboreie. Sinta o frescor e sinta que se tornou esse frescor, porque o frescor se transfere da água para você; ele se torna parte de seu corpo. Sua boca toca, sua língua toca, e o frescor se transfere. Permita que isso aconteça em todo o seu corpo. Permita que suas ondas se espalhem, e você sentirá o frescor no corpo inteiro. Dessa maneira, sua sensibilidade pode crescer e você pode se tornar mais vivo e mais preenchido."

É só isso! Pratique quantas vezes quiser e pelo tempo que desejar. Você terá uma prova do sabor "Zorba, o Buda" de um prazer aprimorado dos sentidos, acompanhado muito facilmente de uma consciência silenciosa, e pode brincar com esse princípio em outras dimensões da vida também.

Citação do dia

Todos lhe dizem para manter um perfil discreto. Por quê? Em uma vida tão pequena, por que ser discreto? Pule o mais alto que quiser. Dance tão loucamente quanto puder.

— Osho

ANOTAÇÕES
DIA 21 ZORBA, O BUDA

SUGESTÕES DE LEITURA

TÓPICO	LEITURA
DIA 1 O que é meditação?	*Meditação: a primeira e última liberdade*
DIA 2 Meditações sobre amor e relacionamento	*A essência do amor: como amar com consciência e se relacionar sem medo*
DIA 3 Meditações sobre a raiva	*Saúde emocional: transforme o medo, a raiva e o ciúme em energia criativa*
DIA 4 Viver em equilíbrio	*O barco vazio: reflexões sobre as histórias de Chuang Tzu*
DIA 5 Amor e meditação de mãos dadas	*Tantra: o caminho da aceitação*
DIA 6 Viver perigosamente	*Coragem: o prazer de viver perigosamente*
DIA 7 Observar a mente	*O livro da sua vida: crie o seu próprio caminho para a liberdade*
DIA 8 É preciso inteligência para ser feliz	*Alegria: a felicidade que vem de dentro*
DIA 9 Integração de corpo, mente e alma	*Consciência: a chave para viver em equilíbrio*
DIA 10 Desacelerar	*O livro do viver e do morrer: celebre a vida e também a morte*

TÓPICO	LEITURA
DIA 11 Todo mundo é criativo	*Criatividade: liberando sua força interior*
DIA 12 Intuição: instrução vinda de dentro	*Intuição: o saber além da lógica*
DIA 13 Meditação e condicionamento	*Meditação para ocupados*
DIA 14 Como parar de julgar os outros	*Palavras de um homem do silêncio*
DIA 15 A arte de escutar	*Pepitas de ouro*
DIA 16 Relaxamento pela consciência	*Desvendando mistérios: chacras, kundalini, os sete corpos e outros temas esotéricos*
DIA 17 Aceitar cada parte minha	*A magia da autoestima*
DIA 18 Sexo, amor e meditação	*Do sexo à supraconsciência*
DIA 19 Viver na alegria	*Torne-se quem você é: reflexões extraordinárias sobre Assim falou Zaratustra, de Nietzsche*
DIA 20 A maturidade e a responsabilidade de ser quem somos	*Buda: sua vida, seus ensinamentos e o impacto da sua presença na humanidade*
DIA 21 Zorba, o Buda	*Em busca do eu interior: histórias e parábolas para aquecer seu coração*

OSHO INTERNATIONAL MEDITATION RESORT

LOCALIZAÇÃO

Localizado a 160 quilômetros a sudeste de Mumbai, na moderna e próspera cidade de Pune, na Índia, o OSHO International Meditation Resort é um bom destino para as férias. Com uma diferença: o Centro de Meditação ocupa 11 hectares de jardins espetaculares, em uma linda área residencial.

MEDITAÇÕES DE OSHO

A programação diária completa de meditações para todo tipo de pessoa inclui tanto métodos tradicionais quanto revolucionários, principalmente as Meditações Ativas de OSHO®. Elas ocorrem no salão de meditação, que talvez seja o maior do mundo: o OSHO Auditorium.

MULTIVERSIDADE OSHO

As sessões individuais, os cursos e as oficinas tratam de tudo: das artes criativas à saúde holística, à transformação pessoal, aos relacionamentos e à transição de vida; da transformação da meditação em um estilo de vida para o cotidiano e o trabalho; das ciências esotéricas e da abordagem zen dos esportes e da recreação. O segredo do sucesso da Multiversidade OSHO é o fato de todos os seus programas serem combinados com meditação, reforçando o entendimento de que, como seres humanos, somos muito mais do que a soma das partes.

OSHO BASHO SPA

O luxuoso Basho Spa oferece natação tranquila ao ar livre, cercada de árvores e do verde tropical. A hidromassagem espaçosa em estilo exclusivo, as saunas, a academia, as quadras de tênis, tudo melhora com o ambiente belíssimo.

CULINÁRIA

Várias praças de alimentação servem pratos deliciosos da culinária vegetariana ocidental, asiática e indiana, e a maior parte dos ingredientes é organicamente cultivada com exclusividade para o Meditation Resort. Pães e bolos são assados na padaria do próprio complexo.

VIDA NOTURNA

Há muitos eventos noturnos para escolher, e dançar está no topo da lista! Outras atividades são meditações na lua cheia sob as estrelas, vários shows, apresentações musicais e meditações para a vida cotidiana.

Você também pode optar por conhecer pessoas no Plaza Café ou caminhar pela serenidade noturna dos jardins desse ambiente de conto de fadas.

INSTALAÇÕES

É possível comprar todos os itens de necessidades básicas e artigos de higiene na Galleria. A OSHO Multimedia Gallery vende uma grande variedade de produtos de mídia OSHO. No local, também há um banco, uma agência de viagens e um cibercafé. Para quem gosta de fazer compras, Pune oferece todas as opções, de produtos indianos étnicos e tradicionais a todas as grandes marcas globais.

ACOMODAÇÕES

Você pode escolher entre se hospedar nos quartos elegantes da OSHO Guesthouse ou, para estadas prolongadas no campus, é possível escolher os pacotes do programa OSHO Living-In. Além disso, há vários hotéis próximos e apartamentos com serviços.

www.osho.com/meditationresort
www.osho.com/guesthouse
www.osho.com/livingin

SOBRE OSHO

Osho desafia classificações. Seus milhares de discursos cobrem de tudo, da busca individual de significado às questões sociais e políticas mais urgentes que a sociedade enfrenta na atualidade. Os livros de Osho não são escritos, mas transcritos de gravações de áudio e vídeo de seus discursos improvisados a plateias internacionais. Como ele alertou: "Lembrem-se: o que estou dizendo não é só para vocês... Estou falando também para as futuras gerações." Osho foi descrito pelo *Sunday Times* de Londres como um dos "1.000 Realizadores do século XX" e pelo escritor americano Tom Robbins como "o homem mais perigoso desde Jesus Cristo". O *Sunday Mid-Day* da Índia selecionou Osho como uma das 10 pessoas – ao lado de Gandhi, Nehru e Buda – que mudaram o destino do país. Sobre seu próprio trabalho, Osho disse que estava ajudando a criar as condições para o nascimento de um novo tipo de ser humano. Ele costumava chamar esse novo ser humano de "Zorba, o Buda", capaz tanto de desfrutar dos prazeres terrenos (como Zorba, o grego) quanto dos da serenidade silenciosa de um Gautama, o Buda. Através de todos os aspectos dos discursos e das meditações de Osho, corre como um fio a visão que engloba tanto a sabedoria atemporal de todas as eras passadas quanto o mais alto potencial da ciência e da tecnologia de hoje (e de amanhã). Osho é conhecido por sua contribuição revolucionária à ciência da transformação íntima, com uma abordagem da meditação que reconhece o ritmo acelerado da vida contemporânea. Suas inigualáveis Meditações Ativas são projetadas, em primeiro lugar, para liberar o estresse acumulado no corpo e na mente, de modo que fique mais fácil levar para a vida cotidiana a experiência de imobilidade e relaxamento sem pensamentos.

Para mais informações: www.OSHO.com

A OSHO International inclui uma revista, os livros de OSHO, seus discursos em áudio e vídeo, o arquivo de textos da OSHO Library em inglês e híndi, além de extensas informações sobre as Meditações OSHO. Você também encontrará lá o cronograma da Multiversidade OSHO e informações sobre o OSHO International Meditation Resort.

Sites na internet:
   http://OSHOTIMES.com
   http://OSHO.com/Resort
   http://www.YouTube.com/OSHOinternational
   http://www.Twitter.com/OSHO
   http://www.Facebook.com/OSHO.International
   http://www.Instagram.com/OSHO.International

Para entrar em contato com a OSHO International Foundation:
   www.osho.com/oshointernational
   oshointernational@oshointernational.com

Para saber mais sobre os títulos e autores da Editora Sextante,
visite o nosso site e siga as nossas redes sociais.
Além de informações sobre os próximos lançamentos,
você terá acesso a conteúdos exclusivos
e poderá participar de promoções e sorteios.

sextante.com.br